離婚して、インド

とまこ

離婚して、インド

とまこ　文・写真・イラスト

離婚して、インド

目次

プロローグ

十二月某日、年末の浮かれた空気の漂う、池袋のおしゃれなバーで。まわりのグループは、たぶん忘年会という名の合コンでしょ。いい思い出作ってちょうだいよ。

わたしたちもカウンターに肩を並べ、二人っきりの楽しい宴。ダンナのじゅんくんは、いつものように生ビール。わたしもいつもと同じディタグレープフルーツ。日曜の外飲みは、だいぶ習慣化しているんだ。

じゅんくんは、わたしの話をひとしきり聞き終えると、残りのビールを飲みほした。そして、ひと呼吸。くるっと顔をこちらに向け、はっきり言った。

「そろそろ、離婚しよっか」

へ？　なんと？

今、なんとおっしゃっちゃったのでしたのかしら、ダンナさま。

「とまこには、もっと器が大きくってお金持ちの人がいいよ」

あ、そっか。そうだよね〜。
さすが、七年一緒に暮らしたじゅんくん。
よく知ってるな〜、まいったな〜。

って、リ、離婚っすか！！！！！！！！！
わたし、捨てられちゃうんっすか！！！！！！！！！！
ジョウダンが好きなんだから、じゅんくんったら♥
……ところが、ジョウダンではなかった。
なんでも、理由を要約すると、「キャバオーバー」なんだそうな。
そ〜なの〜〜〜〜!?
ちょっといきなりすぎじゃない!?

だったらもっと早い段階で言ってよぉ、けんかだってほぼしなかったじゃない。

いや……心当たりは、あ、る、か、も（涙）。

なに分、わたしのココロは**超ポジティブ変換マシーン**。

なんでもムダにポジティブ解釈してしまうという、大変ベンリな作りになっておりまして。ダンナの発言も、ポジティブに解釈しまくってた。あれとかそれとか、これとかもね。

ココロの中は、てんやわんやのお祭り騒ぎ！　じゅんくんは、隣でなにやら話してくれているけど、もはやなんにも入ってこない。頭の中は、イヤな思いをさせたかも疑惑のシーンたちが、大音量の早送りでじゃんじゃか巡ってる。今度はこっちがキャパオーバー。さっき彼が口にした、「離婚」のフレーズだけが、リズミカルに頭の中を跳ね回る。なんて皮肉な脳みそだ！

顔は硬直。視線の置き場もわからない、口を閉じていいのか開いていいのかもわからない。もう、なんにもわからない。

ただ、ほっぺたに、ツーツーと涙が流れ続けていることだけは、感じていた。

……じゅんくんの目も、涙でいっぱいだったよ。

「今日は、もう帰ろう。明日、続けられる方法があるか、考えてみて」

店を出ると、いつも通り、雑司ヶ谷《ぞうしがや》霊園コースで歩いて帰る。

ここは、個人的にパワースポットだと思っているところなんだ。いるだけで、いろんなひらめきが訪れることがよくあって。

葉っぱが落ち、身軽になった枝々が、さわさわと音をたてて揺れていた。

「仕方ない」

そう聞こえる。やっぱりそうかぁ。枝まで、そう言うかぁ。

じゅんくんに、後ろからガバッと抱きついて、あっけらかんと笑い飛ばした。

＊

翌日、新婚の頃の自分を振り返ってみようと、『気がつけば南米』なる本を手に取った。

これはわたしが初めて書いた本で、サブタイトルは『いきなり結婚→南米へ！　おきらくカップル180日間の旅』。内容はそのまんま、放浪ハネムーン＠南米を描いている。


表紙をめくって、まずはプロローグ。

あらあら、とまこっていう人は、旧恋人のところから、いきなりじゅんくんのところに行っちゃって、あっという間に二人で南米放浪かぁ、ついでに成田への道すがら入籍？

へぇ。どんな思いつき人生よ。

なになに、二人のテーマは「いつもココロに革命を！」だって。また革命しちゃったね。テーマ通りだね、えへへへへ。そして「旅の準備」ページを読むと……、

「荷造りのテーマは1に楽しく、2に軽く。

軽くするよう心がけるけど、旅をより楽しく演出するグッズは惜しみなく詰め込む♪

そして重くなって苦労するのは……じゅんくんのみ。ゴメン！」


来た〜！　ビンゴーッ！！

これじゃんっ、これじゃん！！！

まさに、離婚の原因！！！！！

わたしは、二人の生活を始めたその瞬間から、七年後の「キャパオーバー」に向かって、突っ走っていたのでありました。

あはははは〜、まいったまいった、まいったねこりゃ。どーしょもないね。

それで……続けられる特別な方法は、まるで見つからなかった。

ならば、今までの自分を反省して、自分を磨くことしかない、と思った。

夜、じゅんくんとカフェで待ちあわせ、それを伝えた。

*

一月三十日。

ほんとに、サヨナラ、しちゃった。じゅんくんが、ひとり暮らしをする新たな部屋へ引っ越していった。

はぁ〜〜〜〜、癒されたい、癒されたい。旅にでも出て、すれてぺらぺらになった、胸の奥辺りを癒してあげたい。

はい！　わがまま三昧《ざんまい》したいんです。欲望の奴隷《どれい》になりたいんです。

自分を愛せない人が、他人なんて愛せっこない。まずは、自分をとことん、愛するとこから始めましょ。

「さてさて、どこに行こっかな～」

はじめは、地図を広げて、のんびり考えた。今こそ、好きなところへ行っちゃうもんね。

ところが。しばらくしたら、ココロが、ぐっちゃんぐっちゃんになってきた。

○X△■＊@。

悲しいのはもちろんだけど、よくわかんないもの、いっぱいいっぱい、混ざってる。

何がイイとか悪いとかはおいておき、理屈ぬきで、○X△■＊@。

今まで知らないこの感情。今まで使ってた言葉じゃ表現できない。


そして、行き先は、一瞬で決まった。


ぐっちゃんぐっちゃんのとこ、行きたい。

日本の常識が一切通じないようなとこ、行きたい。

今までの表現力では、どうにもならなそうなとこ、行きたいー！

インド。

よく知らないけど、すーっと来た。
インドへは、インドに呼ばれたときに行け。昔の人は、よく言ったもんだ。
ヘイユー！　わたし、インドに呼ばれちゃいましたー！

そんなわけで、インドへ行きます。
いらんもの捨てて、いるもの身につけて、きっとイイ女になって帰ってきます！

1 東京 さよなら東京

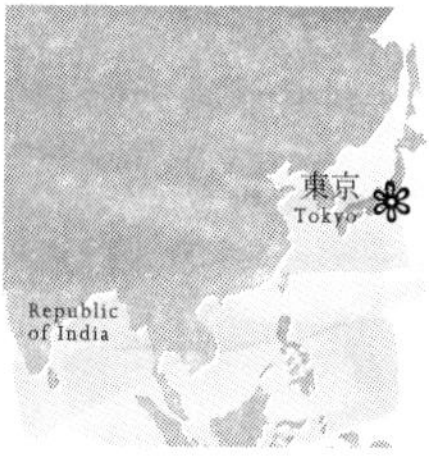

二〇一一年三月十一日。

東京出発の朝、姉の家で、朝ごはん。姉と、義兄、おちびの姪《めい》っ子三人。と、わたし。なんかこの構成、あったかいな！

そっか。ダンナとは、あんまり一緒にごはんを食べてなかったな。結婚してからずっと、本の出版を目標に掲げて、深夜まで書いて書いて書いていたからね。一番の理解者じゅんくんだもの。きっとわかってくれるって信じてた。わかってくれないはずがないよねって、勝手に思い込んでた。

朝ごはんのシメは、今年お初のいちご。ガブッとかぶりついたら、果汁がジュワワッ。あまずっぱくて、爽やかで、とっても新鮮。目が、覚めた、気がした。

新しく、始めよう。


さぁ、出発。

巨大なバックパックを背負って玄関へ向かうと、幼稚園児の姪っ子がかけよってきた。そして、わたしがはいていたジーンズのスカートのおしり部分、パックリ裂けっぱなしになっているところに、指をプスッ。

ハッ。

ちびっこが無意識に、しらんぷりしていた真実をあばきだした。


あんた、やばいよ、大人でしょ。


いつもはぜんぜん気にしないのに。それどころか、自分らしいやって思ってたのに。急に羞恥心《しゅうち》が――。気づいて、しまった。

わたしのココロは、穴あきです。

不都合なことは、どんどこどんどこ投げ捨てる、自分にとってだけ、ベンリな穴。ポジテイブ変換マシンが、変換に失敗したものを、投げ入れておくための穴。
あぁ、なんてこった。

羽田に着いた。この先、わたしは、一体どこへ？
香港、マカオ経由で、インドへ行くのは知っている。
ココロの行方は、ぜんぜん知らない。ま――ったく、予測不可能。
元気になりたいの？　何かをつかみたいと思ってる？　新たな自分を発見したい？

わからない。

わからないけど、それでいい。
飛行機が離陸した。窓からの景色が、今までのどのときとも違ってる。
……見知らぬ町みたい。とっても、不思議。
結婚生活は、終わった。
お金は、もちろん、ございません。

夢ばっかり、追いかけました。

今まで、ず——っと、そうでした。

きっと、これからも、変わりません。


ばかだね、このひと。もう、それでいい。

わたしは、一生ばかなんだ。

もう、よくわかったから、それでいい。


過去のわたし。

学生時代からバックパッカーの旅を始めた。大抵は、恋人か、親友との二人旅。卒業すると、百万円を貯めて旅に出るべく、旅行会社に入社した。業務は主に、秘境へのツアーにお客様をお連れする添乗員。

一年半が経《た》ったとき、上司だったじゅんくんは、ＮＧＯに転職。アフガニスタンに駐在するため、出国の準備を進めていた。そんなおり、わたしに言った。

「一緒に本を書こう」

話したこともないわたしの夢を、先に言ってくれたんだよ……。とっても驚いたし、ぐっときたんだ。それで、すぐ、家を出た。五年間、一緒に暮らしたヒトのもとから、消えた。

じゅんくんが帰国するまでの一年間は、彼がもともと住んでいた家で待った。アフガン戦争直後の彼《か》の地へは、電話もメールもできなければ、手紙さえも届かなかった。毎晩、月に無事を祈るばかり。想いは募る一方で。

とうとう、じゅんくんが帰国。たまたま、その月のお給料の振込で、わたしの貯金は目標の百万円に達した。なのですぐに会社を辞め、二人で南米へ飛ぶべく成田へ向かった。その途中、区役所によって婚姻届を提出してね。


ボリビアでウユニ塩湖を通った。当時そこはマイナーな地だったし、まともなガイドブックも持っていなかったから予備知識は何もなく。ただ、チリに抜けるルートとして行った。

標高三六〇〇メートルのそこに現れたのは、見渡す限り一面の、真っ白な塩の大地。季節は雨季で、塩湖の中心辺りは水がはっていた。

乗ってる車は四駆だけど、ちゃんと通れるかちょっと心配。ぼんやり車窓を眺める。

……?……?……空、飛んでる！

車ごと、真っ青な空を進んでる！

地面が空なんだよ。高地独特の吸い込まれそうなドス蒼《あお》い空が、完璧に水面に映りこんで、世界中に広がっていたんだ。

あわてて車から降ろしてもらう……自分自身も空の真ん中にすえられた。

自分が、飛んでる……。

びっくりを越え、魂はとっくに飛び出した。言葉もぜんぶ、ひっこんだ。

空を飛ぶことすらできるなら、できないことはなんにもない。


半年後に帰国。ウユニ塩湖以来、本にすることを意識して描きためてきた絵日記をもとに、イラストエッセイを作り始めた。売り込んでは蹴られ、かき直しては蹴られ。三年かけて、はじめての本を出版した。

きっとできると信じていた。だからやめなかったし、熱を上げ続けた。わたしが本を出せたのは、それにつきる。それからも売り込んで、燃えて、売れない本を数冊出した。

一心不乱だった。

一心不乱になれたのは、じゅんくんがそっと見守り、支えてくれたから。

それでも、もっともっと、一心不乱に進みたいと思った。

夢に向かって燃えることは、誰から見ても、楽しいことだと信じてた。信じてた。でも。

それ、だけじゃ、だめなんだ。

過去のことは、もう、知らない。先のことは、まだ、知らない。
大丈夫。たぶん、大丈夫。きっと、なんとか、なるから。
今は、ちょっと、休ませて。

ウユニ塩湖で本の出版を誓って以来、はじめて、制作活動をストップした。

2
マカオ
ゼロでゆこう

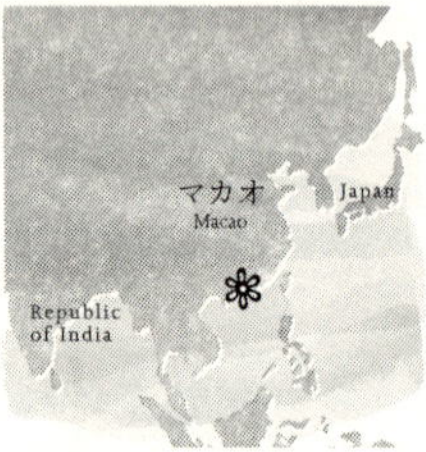

香港空港に到着。そのまま、マカオ行きの船に乗り込む。

海上は、もやで煙っていた。私の心もぼんやりと夢うつつ。船の中、まわりの中国の団体さんが、どんなに騒いでいようとも、お菓子を食い散らかそうとも（笑）。

もやにココロが、支配されてしまったか。

そして夕暮れ。とうとう到着、憧《あこが》れのマカオ。タクシーに乗り込み、あらかじめネットでチェックしていた最安のゲストハウスへと走り出す。

……なんなんですか、あなたたち。派手すぎでしょ！　ギラギラしすぎでしょ！　ていうか、正気ですか？　あっちこっちで、えげつないまでに発光する、カラフルで巨大な建物たちよ！　カジノで有名なのは知ってたけど、ここまでやらねばダメですかっ。

くくくく……あはははー！

タクシーでひとり、大笑い。運転手さん、はじめはギョッとしてたけど、言葉が通じないので、仕方ないから、つられ笑い。それにつられて、わたしもさらに笑い、それにつられて……。圧倒されて、一気にテンション急上昇！

ゲストハウスに到着し、さっそく部屋を見せてもらう。ちょっと、イヤかなり狭すぎ、ぼろすぎ、監獄チック。

でも、今のわたしは貧乏モード絶好調。このくらい、目をつぶるのでありますよ。

荷物を部屋におろしたら、チェックインするべくテレビを見ていた宿のおっちゃんの元へ行く。するとおっちゃん、崩壊五秒前の、おんぼろ画面を指差してばたついた。何かをわたしに言っている。なんだか災害映画みたいだけど……画面がざらざらでよくわからない。

昔むかしの映画かな？　なんでわたしに見せたがる？

少しねばったけど、これ以上はどうにも意味がわからないので、あきらめた。

さぁさぁ、カメラを持って町へおさんぽ。カメラ、スイーツ、お茶、カメラ。日記、カメラで、おしゃべり、カメラ。

どうやってこのシーンを切り取るか。どこに、味なシーンが潜んでいるか。わくわくどきどき、歩くのが楽しくて楽しくて。

そんなこんなの、ココロ向くまま、ぶらぶら歩きの三日目、昼下がりのことだった。カメラのファインダーを覗《のぞ》いた瞬間、ハッとした。

ゼロでゆこう。

ゼロがいい。今までの、全部ぜーんぶ、なくっていい。
『とまこ』もいらない、『とまこ』は終わり！
ちょっとばかりの実績も、ちょっとばかりの期待も、全部いらない、さようなら。

＊

原稿を売り込み始めてからずっと、つまり、結婚してからずっと、楽しく、熱心に、本を作る『とまこ』であり続けた。もっともっと積み上げたいと思った。ダンナが横で苦しんで

マカオ一望。ヘンテコ形のビルとごちゃぐちゃの下町。

いるのも知らず……いや、知っていたのかもしれない。あえて、気づかないふりをしていたのかもしれない。

七年半後、ダンナは言った。

「自分の夢をこれほど信じ抜けるのは才能だから、それこそが、とまこの魅力だから、変わってほしくない」って。

「でももう、一緒にはいられない」って。

「自分は、ともちゃんの描く夢にいないでしょ」って。

そんなつもりはまるでなかった……はずなのに、否定、できなかった。

わたしの魅力は、結婚相手を苦しめるものだった。

好きな人をしあわせにできないことが、魅力だなんて。そんなの悪だ。悪でしかない。

わたしは、悪だ。

別れようと決意した相手に対して、わたしは選択肢を持っていなかった。

『とまこ』でい続けよう。『とまこ』を発展させよう。ダンナを苦しめ、ダンナを失うほどにこだわってきたんだから。

なのに突然、マカオの道ばたで、『とまこ』の幕が降りた。

ゼロから、全てをやり直そう。ゼロから売り込んで本を出してきたんだもの。できるよ。

今、こんなにわたしを楽しませてくれる写真の道を、ゼロから歩き出そう。文章もイラストもやめて、名前も変えて。

『とまこ』を忘れて、『大屋智子』も『渡邊智子』も忘れて、新しく歩き出そう。

いらないの。悪の『とまこ』も、書類ひとつで変わる名前も、いらないの。

過去の全てがいらないの。


身軽になった。

世界が開けた。

光溢《あふ》れる瞬間だった。

＊

四日間の短い滞在を満喫し尽くし、香港空港へと向かう。到着すると、メールをすべくiPadをWi-Fiにつなげる。Yahoo!ニュースが立ち上がったから、ちらっとチェック。

不可解な文字や写真が目に飛び込んできた。

？？？？？？？？？？

思考が停止した。飲み込めなかった。

日本で大地震？　宿でおっちゃんが見せてくれた、昔々の災害特撮映画は、現実の、今の、日本？　まさか……。

泣いた。ただただ、泣いた。

そして、痛いほど、痛いほど、思い知らされた……。

わたしはなんて、甘いんだ。

つい昨日、自分で自分の過去を捨て、ゼロを選んだ。

原因は離婚。その道を作ったのも自分。

本人の意志の、まったく届かないところでゼロをつきつけられた方々を知り、自分が対峙《たいじ》したゼロの甘さを、痛いほど思い知った。

マカオには昭和レトロ風味の喫茶店を、さらに大衆化させたような店がいっぱい。

3 トリバンドラム

あれ、ジェントル！ ここインド？

二〇一一年三月十四日。

香港から、キングフィッシャー航空でムンバイへ。

「キングフィッシャー」と言えば、インドで有名なビールの銘柄。あれ、おいしいですよねぇ。余談だけど、雑誌の「アジアのビール飲み比べ」企画でいろんな国や地域のビールを十五種くらい飲み比べたことがある。キングフィッシャーは断トツ一番だったなあ。ちなみに、二番はインドネシア・バリの「バリハイ」、続いてタイの「シンハ」。

さて、そんなビールの会社が、飛行機まで飛ばしているんだけど、運賃がとっても安かっ

航空会社「キングフィッシャー」の真っ赤なマーク。

た。香港→インドのこの会社の路線を使えば、日本からインドへ行くにはぶっちぎりでお得。

まぁたぶん、高くても使ったと思う。なぜって客室乗務員さんが美しすぎるんだもの！　以前仕事で少しだけインドに行ったときに、インドの国内線で使ったけど、ぶれなくみんなスーパースターばりの美女。テンションあがったー。

うわさによるとキングフィッシャーの社長はとってもミーハー。ＣＡさんはモデル級の美人さんでそろえているとか。制服は全身真っ赤。ぴっちりブレザーに、タイトのミニスカートか、足長効果抜群のブーツカットパンツ。足元は、やっぱり真っ赤なハイヒールで……自信と気概のあるヒトじゃないと決して着こなせないようなハードルの高さ。

さらに機内も赤かった。シートや、クッション、イヤホンなどの小物にも、赤をおしゃれに使いこなしていた。機内食もおいしかったし、もう言うことなし。これで安いなんて奇跡でしょ。

夜遅くムンバイ空港に到着。今回のスタート地点、南インドのケララ州都トリバンドラムへ行くため、同じくキングフィッシャー航空の国内線に乗り換える。翌朝九時発なので、このまま空港内で待ってるつもり。時間もあるし、両替してお茶でもしよ。

そして気づいた。日本円しか持ってない。日本でドルに換えるのすっかり忘れてた！　ムンバイやデリーなど、大都会はともかく、他では日本円からインド通貨のルピーに両替するのって無理じゃない？　とくにわたしは、都会よりも田舎《いなか》に魅かれるタイプなんだから。

よしっ。じゃぁ二ヶ月分のお金、全て両替しちゃおっと。うーんと、よくわからないけど、ざっくり一ヶ月三万円として、二ヶ月で六万円。買い物は迷わずするタイプだから、それ用に二万円。しめて八万円にしとこっか。この予算で安宿暮らしなら、充分好きなことを満喫できるんじゃない？

空港のキレイな銀行に行くと、たった八枚の一万円札は、厚み二センチほどの超豪華そうな札束に変わった。魔法でしょうか!?　うっとり。

カフェでゆったりとコーヒーをいただくと、国内線ターミナルへ移動して、今夜の寝床を探し歩く。どかっと横になれる、肘かけのない大きいソファーがあれば最高だけど。台湾の桃園空港か、シンガポールのチャンギ空港にあるような。案の定、そんな気の利いたものはなく、肘かけのある硬い椅子を確保した。

でも、ポジションは最高。キングフィッシャーのカウンターがよく見える位置だったんだ。あの、モデルばりのＣＡさんたちが行き交う場所！

彼女たちは、たぶん、かなり、自分をよくわかってる。フライトのない深夜だろうと、空港に入ればキングフィッシャーの最強の看板であることを。みんなの憧れの的であることを。

瞳はキラキラと自信に満ち溢れ、唇をきゅっとしめて。ぴんっとのばした背筋に、ロングヘアーをなびかせながら、肩で風を切りさっそうと歩く。あやうい丈の真っ赤なスカートからのびる、細くて長い足がキビキビ動き、なまめかしくも清々しい。

たまに五、六人くらいできゃっきゃうふふと空港ロビーを歩いていることがある。すると深夜の静かな空港のホールが一瞬で華やぐんだもの、天使でしょ。「わたしたち、キングフィシャーガールでぇす、きゃぴっ（想像）」。見ているだけで和《なご》むし、おもしろいし、なんだかこっちの女度までアップしそう。こりゃいいや。

ちなみに、すぐ裏のエア・インディアは、おっさん職員が多かったなぁ……。

「エア・インディア」はマークもおっさん。

＊

翌朝、トリバンドラム空港まで飛んだ。はじめて降りたつ、南インド。

北インドには、前に添乗の仕事で行ったことがある。でもそのときは現地ガイドさんがいて、バスやホテル、食事などもろもろが手配されていた。

今回はひとり。南から北までいろんなところに行くつもりだから、まったく違う国を旅するようなものとなる。

インドを選んだのは、もちろん自分。わけのわからないココロを抱えていたので、わけのわからないところに行きたいと思った。そんなとき、「インド」が、すっとココロに降りてきたんだ。

バックパッカーとしても、添乗員としても、あっちこっちへんてこな秘境を訪れているから——ペルーの山奥で遭難しかかったけど助かったし、新疆《しんきょう》ウイグル自治区の砂漠で五日間の厳しいキャンプもできたし、自分の旅史上一番怖かった町・犯罪のにおいがぷんぷん漂うグアテマラシティでも生き延びた——なーんの躊躇《ちゅうちょ》もなく、ひらめきに従って、航空券をとった。

なのに、飛行機が空港に到着して、タラップから地面に自分の足がついたとたん、こ、怖くなっちゃった！　乗り継ぎのムンバイ空港ではまったくわかなかった実感が、今、まさに。

だいたい、エスニックな料理やファッションが大好きなわたしが、これまでインドに仕事以外で来たことがなかったのは、ずばり怖いからでしょ。なのにインドへ行こうと決めたなんて、あのときは理性のかけらもなかったな。そうそう、わたしの旅歴を知っている友だちも、「インドだから気をつけて」って言ってたし……。

たすけて〜！（涙）

だけど、はじめの空港で、引き返すわけにもいかないし。う〜ん。

まずは、カフェでお茶して気分をごまかすことから始めようか。

建物内をぐるっと見渡し、瞬時にがっくり。この空港、えらく豆粒サイズだな。絶対カフェなんてないよ。そんな気の利いた施設を期待するなんて、むしろ失礼だ。

仕方ないので、覚悟を決める。背筋をのばして深呼吸。体の隅々までに力をこめた。でも、なんとか笑顔は装わないとね。インドはじめの一歩だし。さぁ、インド人うじゃうじゃであろうエリアへ、ＧＯ！

……あれ？　なんか、人少ない。で、のんびり？　そうとう、のんびり！


そこいらにいるおっちゃんたちは、どうやらほとんどタクシーの運転手。なのに、だーれも客引きをしてこない。しかも、みんな真っ白なシャツに真っ白で長～い腰巻き。清潔感溢れる、好おっちゃん。しかも笑顔！

そういや、リキシャなんて、ただの一台もいないし！

インドの空港の、インドの空港たる所以《ゆえん》は、大ウソ伴う口八丁のリキシャうじゃうじゃ、ってことじゃなかったの？

そのうえ、客も客だっ！

客はわたし以外みんなインド人で、全員そろってきちんと列に並びタクシーのチケットを買っている。しかも笑顔！　しかもしかも、一律三五〇（約七〇〇円）ルピー、という値段に対して、「高いなぁ」って顔してるの、わたしだけだよ！　えへへ（恥）。

降りる国、間違えたかな？

ところが、どうやら、ここはやっぱりインドらしい（そりゃそーか）。裏切られたような、うれしいような。

ともあれ、白ずくめのおっちゃんにくっついて、駐車場へ出る。キッチリ並んだ、やっぱり白い、ワーゲンみたいなかわいい車の一台に乗り込み、チャロ～（＝レッツゴー）。

かなり平和に、ロンプラ先生（＊）の言うトリバンドラム一安い宿へと向かった。

ちなみに、厚み二センチの札束は普段どうしていたかというと。その内、一ミリ分くらいは持ち歩くお財布に、残りは鍵のかかるバックパックに入れて部屋に置いていた。バックパックと部屋のどこかは、自転車用のチェーンキーで結びつけて。宿のヒトが部屋に入って、チェーンキーを壊すなりして持っていってしまったら終わりだけど、大金を持ち歩くのはもっと怖い。信用できそうな宿を選んだり、「誰も部屋に入るなよ！」と念じて信じるしかないかなぁ。

真っ白シャツに真っ白の腰巻き（ルンギ）、真っ白な髪の毛。茶色いお肌によく映える。かっこいい！

それから、感心したのは日本円の浸透力。わたしが旅したインドの地では、ある程度規模のある町になら「ウエスタンユニオン」なる両替屋さんがあって、そこでは日本円も扱われていた。なのでみなさん、一気に二センチも札束作ることないよ。

*『ロンリープラネット』という世界中のバックパッカーが愛用している英語のガイドブック。以前は日本語版もあったが絶版に。わたしは中古の日本語版を持っていった。

4
トリバンドラム
インドにも、同じ月が浮かぶ

昼に夜に、せっせせっせとおさんぽを続けて三日。だいぶトリバンドラムには慣れてきた。この町はケララ州都だけあって、規模はなかなか大きい。けど、定規で線を引いたようなまっすぐな道はあまりなく、どこか歪《ゆが》んだ大通りと、アリの巣みたいに四方八方へ広がっては行き止まる路地の連続。

女性は「パンジャビ・スーツ」と呼ばれるカラフルな民族衣装をまとっている。キラキラのビーズや刺繍《ししゅう》などの装飾が施された丈の長い「カミーズ」と呼ばれるチュニック。左右それぞれの足に一人ずつ入れそうなほどだぼだぼした「サルワール」というパンツか、膝下がスパッツみたいにぴったりすぼまっている「チュリダール」。それに長〜いスカーフの「ドゥッパタ」。その三点をあわせた華やかな衣装だ。

昼間の日差しは、ほんっとハンパなく強烈だけど、女性たちのカラフルなカミーズとドゥッパタがひらひらと風に舞えば、いっきに世界がやさしくなる。半ば暑さにやられた脳みそに、それらは光の世界を舞う天女の羽衣カラフル版に映る。夢見心地だよ。美しさに気をとられて、暑さをふっと忘れるんだ。

男性の民族衣装は、白いシャツと白い「ルンギ」という腰巻きを巻きつけるスタイル。この伝統的な装いに身を包んでいるのは年配の方の一部で、若い人が着ているのはめったに見ない。

もったいないなー、みんな着ればいいのに。ルンギをぴしっと着こなしているおじいちゃんは、とってもダンディー。見かけると瞬時に、カメラを構えたくなってしまうもの。

この町含め、南インドでは、日本や韓国など、アジア人の観光客とそんなに出会わない。でも、欧米のバックパッカーはわりといる。後から知ったけど、特にケララ州は、ナショナルジオグラフィック・トラベルに「人生の中で、必ず行っておきたい目的地五〇」に選ばれているそうな。

選ばれた理由のひとつには、きっと、「バックウォーター・クルーズ」もあるだろうな。ボートにロッジがのっかったようなハウスボートで、緑溢れるゆる〜いバックウォーターを

「バックウォーター・クルーズ」の手漕ぎボートの上から。

のんびり下る。わたしは手漕ぎボートだったけど、ほーんと極上のリラックス。体の隅々の細胞から、喜びの鼻歌が聞こえた気がしたもの。

そんなわけで、一眼レフカメラを持って、あっちこっちの隙間《すきま》までさんぽして歩く日本人は、一度見るとちょっと忘れられないらしいんだよね。宿のご近所さんを中心に、すぐに覚えてもらえてとっても楽しい。

会話はできるのかって？　インドの公用語はヒンディーと英語だけど、それぞれの州に別の言葉があって、ほとんどの人は日常的にそれを使う。ケララ州の言葉は「マラヤラム語」。文字はくるくるの輪っかがつらなったようなのが多くて、雰囲気がとってもかわいい。

まずは宿のヒトに、マラヤラム語で「こんにちは」「ありがとう」「おいしい」を教えてもらい、大きな笑顔と身振り手振りでそれらを使えば、なんとなく通じ合えるようになっていくので、まあオッケー。

インドに限らず、カンタンな言葉だけでも現地の言葉を使うと、現地の人がおもしろがってくれることが多くて、仲良くなりやすいんだ。

おかげで、プチ常連として認められたチャイ屋さんも、ごはん屋さんも、アイス屋さんもできた。なぜだか、よく道ですれ違って挨拶するおじいちゃんもいる。

この感覚、いいな。言葉もよく通じない、まったくはじめての町でも、きっと住人になってなれる。そう思い当たったら、急に心強くなったし、自由になれた気がした。

ところで、わたしは月が、大好き。とくに旅中は、月の満ち欠けをとっても意識していて、どの国でも、どんなときでも、月の出に立ち会うことを願っている。

その日も、町中を歩きまわり、気がつけばとっぷり日が暮れていた。

強烈すぎる日差しの昼と、屋台やお店のあたたかい光がぽつぽつ輝く夜では、ぜんぜん違う町に見えるから、ただ歩くのも写真を撮るのも、モードが入れ替わって新鮮な気持ちになれるんだ。

とはいえ、夜はキケンだったりもするから、やや緊張。

しかも、ひとり女子の、あてどないうろうろ歩きだから、やっぱり緊張。

さらに、大きいカメラで写真を撮りまくってるから、もっと緊張。

そんなとき、人気《ひとけ》のない大通りの道端で、低い空にまん丸の月が昇ってきたのを見つけた。かわいいハスの花と、マラヤラムの文字の描かれた壁の上に、ちょこんと浮かんでいる。

ほっとした。なんだか急に、ほっとした。

日本で、バリで、チリで、チベットで。あちこちでココロが奪われたのと同じ月だ。

それぞれのシーンで味わったここちよさが一気に再生、ココロがじんわりふるえだす……。

月がとっても身近に感じられ、そんな月が浮かぶインドにも、急に歩み寄った気がした。

立ち止まって、しばらく、じ〜っ。たぶん、口はぽかんと開いていた。

月は、秘密の入り口だな。広い世界へ導いてくれる、魔法の扉。

まず気づいてはっとして、ココロの鍵を外せば、空に浮かぶ秘密の入り口の扉が開く。

扉の先をどこまで行くかは人それぞれだし、その世界の様子も人それぞれ。

暑さが一段落した夕暮れ時のトリバンドラム。世界がピンクに染まってた。左のドームはモスク。

好きなところへ行けるだろうし、行けるところへ行けばいい。


気づけば、ココロと体、全ての緊張がほぐれていた。

ほっぺもゆるゆる、にやにやにやりが止まらないんだ。

いいじゃない、ここちよく歩けば。

力んだ人には、力んだ輩《やから》が、寄ってくる。

ここちいい人には、ここちいい人が、寄ってくる。


一瞬にしてほぐしてくれた恩人の姿を残しておきたくて、夢中でファインダーを覗いた。

すると、うしろから声がした。

「月が好きなんだね」

ドキッとして振り向くと、やさしく笑ったインドのにいちゃん。フェイスラインがしゅっとしまった、目鼻立ちくっきりで、堂々たる眉のヒト。背筋がピンとのびた立ち姿が、満月の光に映し出されてかっこいい。

正真正銘のインド人が、月への思いを汲《く》み取って話しかけてくれたなんて。失礼ながら、この国の文化に月を愛《め》でるイメージがなかったから、とっても意外。

数秒おいて、答える。

「うん、大好き」

それから、二言三言、ちょっと話してさようなら。なんかこう、風鈴奏でる夜風みたい、爽やかな笑顔の人だった。顔のつくりは、めちゃくちゃ濃厚なのにね（笑）。

インド第一歩の都会で、予想外に細やかな、彼らの情緒に触れることができて、ほんとにほんとにうれしくなった。

想像なんてあてにならない、ほんとのインドを歩いてる……。

優しい月にほっとしたら、世界がもっと優しくなった。

5

トリバンドラム
ハッピーなはずが、ないじゃない

インドには、五千年前から伝わる「アーユルベーダ」なる、自然医学がある。
いやーすごいな、うれしいなー、と思うのは、過去のものとして忘れ去られることなく、現代のごくごく一般的な人たちの生活にもしっかり根付き、さらに発展していること。
とくに南部では、薬や治療法、植物性の石けんや化粧品などの生活雑貨、オーガニックな料理やお茶、ゴマやハーブのオイルを使ったマッサージなど、アーユルベーダの教えが毎日の生活の隅々にまで影響していた。
アーユルベーダ初体験は、数年前、シンガポールのインド人街での「シロダーラ」。これは、温めた専用オイルを、眉間《みけん》にある「第三の目」の辺りにタラタラとたらして一種の瞑想状態を促す施術だ。脳のリラクゼーションや、自然治癒力の向上などの効能があり、「脳のマッサージ」とも言われるそう。

そのときの様子は、こんな感じ。

あらーーいいーー……ふわふわ……昇天っ……とろんとろん……ぐーすかー………。

瞑想って寝ていいのか？　まぁ、それはおいといて。

いやー、お見事でした！　ここちよすぎて、思い出すだけでうっとりしちゃう。ただ眉間にオイルをたらしてるだけなのに、なんで？　アーユルベーダって一体なに？　本場インドで体験したい！　一気にアーユルベーダ発祥の地といわれる、インドのケララ州に興味がわいた。

インドに行こうと決めたとき、そんな気持ちを思い出して、ケララの州都・トリバンドラムから旅を始めることにしたんだ。

＊

トリバンドラムに到着した翌朝、州政府が運営するアーユルベーダ大学の病院へ行ってみた。観光客でも一〇〇ルピー（約二〇〇円）でマッサージしてくれるって宿の人が教えてくれたから。ちなみに、現地の貧しい人の場合は、マッサージ含め医療全てが無料らしい。

受付の女性が案内してくれた列に、カラフルなサリーやパンジャビ・スーツをまとった女性に交じって並んでいると、超濃厚なソース顔の、いかつい大男がわたしのところにやって来た。

「なにしに来たんだ?」

「え。マッサージを受けたくて」

「なにしに来たんだ?」

「あれ?　ここに並ぶよう言われたんだけど……」

もしや通じてない?

わたしはまともな英語が話せない。でもいつもは、表情、身振り手振り、その場の雰囲気やノリとカンを大いに添えて、いろんなことを伝え合ってるつもりだったけど。この人には通用しない?　困ったな……。

「ついてきなさい」

とりあえず、害はありませんよアピールで、ニコニコしながらついていくと、別棟の最上階、一番奥の部屋に到着した。

「学長に話してみなさい」

あら〜ずいぶんいきなりだな、びっくり。ともあれ、学長室へ入る。

学長は、オールバックに黒縁メガネが渋く決まった、ころっと丸いおじさんだった。部屋は蒸し暑く、骨董《こっとう》品のような扇風機が、ガタガタと音を立てながら、リズムのおかしな風を作っていた。学長は、書類が飛ばされぬよう、しっかりおさえながらわたしに質問。口調がちょっと怖い。

「なんで、この大学に来たんだ?」

「アーユルベーダにずーっと興味があったから、それで」

わたしは、知っている限りの単語を総動員したおんぼろ英語で話す。

「勉強したいのかい?」

「いえ、ただ、マッサージを受けたいなと思って」

シンガポールでの経験を、身振り手振りを盛大に使って笑顔で話す。学長は、たぶん、理解してくれた。だんだん口調と表情がやさしくなってきている。そして。

「ひとりできたの?」

「はい」

「さみしいだろう?」

「いえ、新しいことがいっぱいだから、さみしくはないです」

「そうか。結婚は?」

「……離婚、するところです」

「……そうか。子供は?」

「いません」

「そうか。なんで、離婚するんだ?」

「なんで」って。

そんなこと、聞かれると思わなかった。なんて答えていいのかわからない。理由はいっぱいあるだろうけど、うまくまとまらない。そんなあいまいな気持ち、英語でなんて話せない。

「夢ばっかり、追いかけました」

とりあえず口を開いたら、その言葉がスッと出たんだ。なるほど、そうか。

一息つく。すると、勝手に涙が出てきた。どんどんどんどん出てきて、止まらなくなった。

「そうか。そうか」

学長の声が、ものすご～くやさしくて、ココロに響く。

泣き止まないわたしに、学長は、質問を重ねる。

「夢はなんだ?」

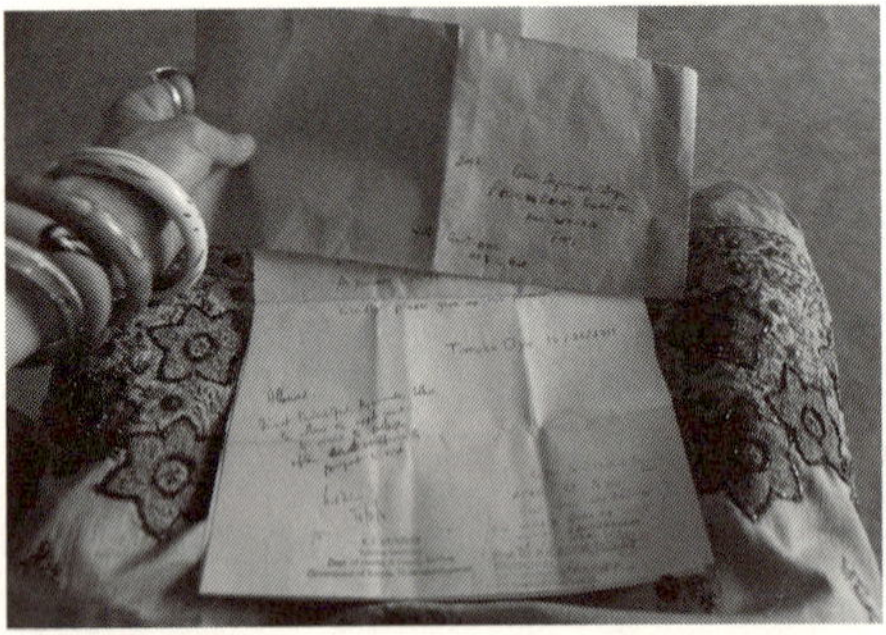
アーユルベーダ大学の見学許可証？をゲット。

「ダンナの仕事は何？」

「夢と家族と、両方は無理なのかい？」

一応答えるけど……わからない、わからない。あぁもう、自分が何を言いたいのかわからない。涙を止めるなんて無理だ。

しばらくして、学長は言った。

「州政府に行って許可を申請しなさい」

あ、話戻った。そうそう、わたしはマッサージを受けに来たんだった。

それにしても、宿のヒトも、ロンプラ先生も、そんなのなしで簡単にマッサージしてもらえるって言ってたけど、実は違うんだな。

言われた通り、学長がなにやら書いてくださった書類に住所やパスポート番号を書き足し、午後一番で政府を訪れた。

書類を見せつつ、どこへいけばいいのか尋

ねて回る。あっちに行けば、こっちと言われる。こっちに戻れば、また別の場所へ行きなさいって。広い敷地には建物がたくさんあるから、ほんと、途方に暮れそうだ。

それでも、言われるがままにあちこちの部屋を巡り、数人と面会し、あっという間に時間は過ぎた。太陽が沈み、夜が訪れる。とりまく風がとっても涼やかで、ほっとした。

「なんでもいいやぁ」

そうつぶやいた後に通されたのは、木彫りの重厚な家具が置かれた、落ち着いた部屋だった。少し待っていると、白髪混じりでやさしげなタレ目の、がたいのいいおじさん……たぶんわりとエライ人……がやってきて、書類に大きなハンコを押してくれた。

「アーユルベーダ大学の三つのキャンパスと、それぞれの病院の見学に行くことを許可します。教授が案内しますよ」

へ？　やったー！　わけわかんないけど、うれしい！

帰り道、喜びついでに市場の服屋さんに寄り、町の女性が着ているパンジャビ・スーツを買った。インドの大学に行くなら、それらしいカッコしたいもんね。ひとつはすぐに着られる既製品。もうひとつはオーダーメイド。たったの二日で仕上がるそうだから、最終日には間に合うな。

翌日から三日間、青いパンジャビ・スーツに身を包み、大学と病院の見学にいそしんだ。

パンジャビ・スーツ屋さんの布バリエーションは半端ない、全てを見比べて選んだら、一ヶ月は軽くかかりそう。

大学の教授をお供につけるなんてたいしたもんでしょ。

それで……何がわかったかというと。難しいこと、ぜんぜんわかりませーん（笑）。まぁ、もともとがおんぼろ英語だから、仕方ないな。

印象的だったことはある。

先生と一緒に薄暗い病室を訪れると、お母さんに抱かれた小さな女の子が。きゃっきゃにこにこ、よく笑う！　あんまりかわいいから写真を撮らせてもらった。あ〜元気もらっちゃうな。

病室を出ると先生が、

「彼女は重い頭の病気を患っているのよ」って。

……え？　あんなに無邪気に笑っていたの

に？　カメラのデータを見直すと、やっぱり大きくてかわいすぎる笑顔。頭には、白い帽子……に見えてしまっていた包帯に、すっぽり覆われてる。

耳元に、コロコロ弾む笑い声が蘇る……。

まるで、病気のことなんて、なーんにも気にしていないかのようだった。歯が生え変わるのと同じレベルの自然現象と捉えているんじゃないか、そう思えるくらい。

他の入院患者さんも、みんな、笑顔がやわらかくて。まぶしくて。

もちろん、全ての病棟を訪れたわけではない。暗い顔のヒトだって、他のところにいたかもしれない。

でも、三日間で訪れた入院棟の方たち（症状の重い方もいると聞いた）は、病気という状態を特別視しているようには感じられなかった。がんばって、前向きになっている風でもないし、つらい顔もしていない。いつもと同じ、自然な笑顔。いつものように、今を楽しみ中。たまたま「病気」という現象が事実としてここにあるだけ。そんな雰囲気が伝わってきた。

……ほんとの胸のうちは、わかるはずもないんだけど。

人生で、負の要素と思えること。病気や、失敗や……離婚もね。そんなのは、道を歩いていて石ころにつまずくように、当たり前の現象。現実として、ただそこで起こったこと。また、起き上がって、進むまでよ。

薄暗い病室がパッと華やぐ明るい笑顔。頭を覆うのは帽子ではなく包帯だった。

そんな感覚を、ずーっと脳裏にあった彼らの笑顔が、じわじわじわじわ、時間をかけて芽生えさせてくれた。

それから、まだある、深くココロに刻まれたこと。

この大学と病院の訪問と、その後何度か受けたマッサージのときに自分に起こった現象。アーユルベーダの計り知れない効能を知ってしまったみたい。

大学見学中、先生と話しているとよく、どこかのタイミングで涙がドバーッ。学長に言ったフレーズ──夢ばっかり、追いかけました──が頭に蘇り、涙が止まらなくなるんだ。

マッサージ屋さんでも、突然、施術中に涙の洪水になるからびっくり。いっこうに止まらなくて。たぶん、例のフレーズが、頭に降りそそいでいた気がする。

どうやらアーユルベーダは、自分自身に隠しておきたくて、無意識にしまっておきたい事実を、意識の中に浮上させるんだよ。

「それなら仕方ないか。夢を追う自分はハッピーなハズだもん」

頭の中で、いかにもまとまったような言葉で強がってみるのに、涙は止まらない。

そして、話や施術が終わると、同時に涙がピタッと止まる。なにやら、すごくすっきり。

まさに、ココロの大掃除。気づいているのに、知らんぷりしていたココロのちりを、見つ

壁に絵が描かれている家もいっぱいあって、さんぽが楽しい。

け出してはザッと掃き出し、さようなら。そうして、軽くなったひとつひとつの思いを、ココロの棚に、すとんと収める。

そういえば、ヒトって、「喜怒哀楽」が授けられているはずだった。

わたしは、とっても強がりで。

楽しくない、なんて、のんのんのん。

ハッピーじゃない、なんて、のんのんのん。

そういう気持ちを見つけたら、一生懸命隠してた。自分の目に、見えないように。ココロが認識しないように、すばやく。

それはいいことだとも、思う。やっぱり、前向きって楽しい。思い込みの効果を信じたい。

でも。

全て、全て、じゃなくていい。

わたしは、愛を、失ったんだよ。


ハッピーな、はずが、ない、じゃない！


ちゃんと、認めてもらえない感情は、落ち着く場所を知らなかった。

あるがままを、認めて、嚙《か》みしめて、味わって。

ハッピーじゃない、とわかったら、それが足場になってくれる。

自然とともに、じっくり成熟してきたアーユルベーダに触れて、そんな気分になったのかもしれない。

なるほど、アーユルベーダはきっと壮大な人生観。たぶん、人間のココロと体を健やかな状態に導いていく総合的な人生哲学。

こんな崇高な思いが、長い間、広く深く、根付いてるインド……すごっ。

6 ヴァルカラ ひとりが決めれば、THE END

ヴァルカラは、インド南部のゆったりビーチ。安宿やカフェやショップがたくさんある、バックパッカーの集うスポットだ。わたしも海は大好きだから、行かない手はない。

……まぁ実は、ヴァルカラに向かった本当の理由は、それじゃないんだろうなぁ。

トリバンドラムでのアーユルベーダ大学の見学が終わると、電車で南下。最南端のカーニヤクマリに滞在していた。そこは、アラビア海、ベンガル湾、インド洋がひとつになる特異な地で、聖地として崇《あが》められている。夕陽も朝日も美しすぎて、太陽をバックに浮かび上がる神の像や信者の姿が崇高すぎて。自分の悪が際立った気がした。

あぁ泣ける。泣いて泣いて、泣き尽くしたから、ちょっと、頭をすっからかんにしたかっ

カーニャクマリのコモリン岬。右はタミルの詩人ティルヴァッルヴァル像。左は宗教家ヴィヴェーカーナンダの記念堂。

たんだと思う。お気楽なバックパッカーのビーチはちょうどよさそ。

バスを乗り継いで、黄昏《たそがれ》のヴァルカラに到着した。

海が好きなのは、朝と夜のさんぽが、気持ちいいから。泳ぐのも好きだけど、なにより、きわどい時間に波打ち際を歩くのが大好きだ。眠る直前、ふわふわした気持ちでビーチを歩きたいし、起きた瞬間、波の音に包まれたい。

だからいつも、海辺の町では宿価格の基準を上げ、ビーチに近い宿を選ぶ。

今回もそう。海沿いを歩いて出くわす宿を何軒か訪ね、部屋を吟味すると、はりきって一番気持ちのいい宿にチェックイン。海に迫った丘の上にあるバンガロー。水平線一望、とってもすてき。

荷物をおろして、さっそくビーチへ。

ぎりぎりマジックアワーに間に合った。海も空も、あたたかなマーブルカラー。世界は、ダイナミックで、圧倒的に繊細。波のリズムが、風の香りが、すーっとココロに入り込み、あっという間に占拠した。

そういえば、今まで、ダンナと海辺の宿に泊まっても、大抵、ひとりでさんぽに出かけていたな。夜も、朝も。勝手に部屋を出ていって、思う存分歩き回り、部屋に戻るとひとり余韻に浸っていた。

実際、二人旅の中でのひとりの時間が、どれだけしあわせだったか。

やってることは、前と何も変わってない。

納得できた、気がした。自分は、ひとり旅を、満喫してる。

ひとりだろうと、前と変わらず、旅を楽しんでる。

妙に、うれしい。

ごはんを食べて、宿に戻った。再度、庭から海と星を堪能し、きれいなシャワールームを気持ちよく使う。そして、ご機嫌でベッドにゴロン。

ほら、やっぱり。女子の旅は、こうじゃなくっちゃね～♪

……？　……むなしい？　あ、これ、むなしい。むなしいや……。

いきなり、それまでのしあわせが、ぜんぶぜーんぶ、どこかに消え去ってしまった。

そして訪れた、たぶんほんとの、納得。

わたしはひとりじゃなかったんだなぁ！

今まで、行動としてはひとりでも、ココロは、断然、二人だったんだなぁ。

どうにも、収まりつかないこの思い。じたばたじたばた、ベッドの上で、おぼれそう。さんざんひとりでもがいてもがくと……突然グタッ。

まぁ、いーや。お疲れさまだよ、もう充分。寝ちゃいな寝ちゃいな、たまのふかふかベッドだ、味わいつくせ〜。

＊

朝八時。ビーチの前の崖の上、カフェやお土産物屋さんが並ぶ道を歩く。

お、やってるやってる。たくさんの男性たちが、波打ち際でクリケットの朝練習。この崖はけっこう高いから、みんな豆粒みたいに見えるんだ。波のリズムも、人々の動きも、スローモーに感じられておもしろい。光は強く、目の前のシーンがちょぴり白くかすむ……まだ、夢の中にいるみたい。

それにしても、インドの人は本当にクリケットが大好きだな。この時間で四、五十人くら

ビーチは、クリケットの朝練をする人でいっぱい。

いの人が練習してるなんて。この小さな町からしたら、かなりの割合だと思う。国際試合があるときなんかは、国中どこの町でも大騒ぎだって聞くもんなぁ。

昨夕も訪れた、崖の上のビーチ一望絶景カフェへ。

やった。視界の開けた、特等席があいている。スキップ気味でそこへ行き、弾みをつけて席につく。

湿った風が、ふわっと体を取り巻いた。ビーチの朝が、体の隅々までに染み渡る。

はぁ〜〜、なんて爽やか、なんてゆったり、しあわせ噛みしめ深呼吸〜。

「おはよう、元気?」

ゆうべ、少し話した店員さんが、メニュー

を持ってやってきた。ネパールから出稼ぎにきているそうだ。

ネパールや、インドのダージリンなど、ヒマラヤ地方から出稼ぎにくる人たちは、顔立ちがちょっと薄めで日本人に近い。対して、まわりの多くのインド人は、彫り深々で目鼻くっきり、濃密度二〇〇パーセント。

だから、薄いってだけで、ほっとしちゃうんだよね（すいません）。

とくに彼は、ちょっとクールでやさしげな笑顔、好感たっぷりだった。

けど、今朝は、ちょっとふてくされぎみ？　ま、朝一番の、寝起きモードかな。

「おはよう。元気だよ～、そっちは元気？」


「最悪だよ」


あれ？

そっか。そっかそっか、最悪か。やってらんないよね、ゆうべも遅くまで働いてたのに。

これがホンネなんだよね。なんかごめん、わたし、ふらふら旅なんかしてて。

「朝早いもんね、大変だね」

ていうか、店員さんにそう言われるとは思わなかったよ。

ゆるいね～、インドだね～、うん、いいよ、ホント。

「……」

彼、無言。

ていうか、ほとんど初対面のわたしに、いきなりのオープンマインドだねぇ。

ゆるいね～、インドだね～、うん、ますますいいよ、ホント。

でも、いよいよ心配になってきた。

「どうしたの、体調悪い？」

彼は視線を落とし、首をふる。

「ゆうべ、ふられた」

うっ！

今のわたしに、そうくるか。タイムリーすぎやしませんか？

「ホント？　ゆうべここに遅くまでいたじゃない」

ウソであることを願って、聞いてみる。

「あの後、電話がきたんだ、最悪だね！」

吐き出すように、そう言うと、視線をグワッとこちらに投げた。

うわぁ。瞳も、「悲しい、つらい」って、叫んでる。

ギュギュギュギュギューーッ！
胸の辺りが締め上げられて、あの、フレーズが、津波のように、押し寄せる。

《そろそろ、離婚しよっか》

またも、胸の辺りを、鋭い何かが、グッサグッサ。
苦しい、痛いよ、もうやめて。
「そっか。つらいね」
一呼吸おいて、彼と、たぶん、わたしに向けて、そう言った。
《恋愛って、二人の意見が一致しないと始まらないけど、終わりはね、違うんだ》
ダンナは、そう言った。

ひとりが、決めれば、THE END。

返す言葉がないじゃない。「うん」って、言うしかないじゃない！

……でも、そうだね。人間関係は、鏡だから。
ひとりが決めたかに見えるサヨナラは、二人で一緒に、導いてきたのかもしれないね。
だから、「うん」って言うしかないんだね。だから、別れはつらいんだね。
……なんてこった。

わたしも同じく、最悪だ。

あぁ〜、空は広いよ、海は青い。ビーチのみんなは、わいわい、元気にクリケット。
カフェの二人は、ココロの中で、絶叫号泣、わんわんわーん。
いいも悪いも、ぜんぶあるのが、この世界。
「いいこと、あるって信じてる」
彼と、わたしに向けて、そう言った。
陳腐なフレーズかもしれない。でも、本気で、そう思ってる。
だってほら、空は青いし、海は広いから。
だまって、分かち合った。なんとなく、一緒に空を見て、海を見て、分かち合った。
同情です。完璧なる、傷の、なめあいです。

いいんだ、それで。なんとかして、今をしのがないと、進めないいんだ。


しばらくして、注文していた、ココナッツケーキと、レモンシェイクが運ばれてきた。

レモンシェイクがいい感じ。甘さ控えめで、キンッと、しっかりすっぱい。

ココナッツケーキもいい感じ。口の中で、ほろっと崩れて、ココナッツが盛大に香る。

それぞれに、まっすぐな、味だった。

ゆっくり味わっていると、さっきの彼が、ココロにくっきり蘇る。

素直だったな、ずいぶんと。素直な表現がまぶしかった。もしかしたら、うらやましいのかもしれない。

……うーん、ちょっと、判断がつかない。でも、わかることは、ある。

最悪なものは、最悪だ。

7 コーチン 旅人だからさ、わたし行くよ

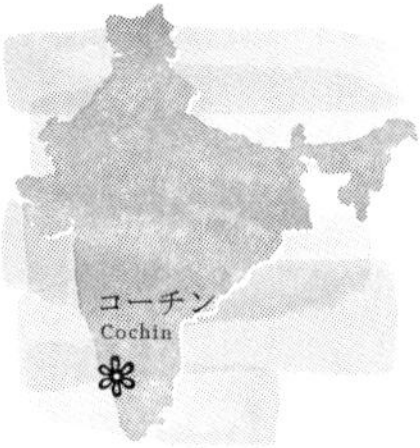

ヴァルカラから電車にゆられること三時間、コーチンまでやってきた。ここは、古くから栄える港町で、ケララ州では一番大きな町らしい。旅人が集うのはフォート・コーチンと呼ばれる地区で、駅から離れた半島にあるそうな。道でもつながっているけど、それは遠回り。フェリーで海を渡るのが一般的なルートらしい。わたしも、オート（＊1）で港へ行って海を渡った。

夕暮れ時少し前。フォート・コーチンの港に到着。さてと宿を探さなきゃ。

ここは大きな町だから、日本のガイドブックにも載っている。どうやら、ゲストハウスが集中する中心部へは、港から十分ほど歩かないとならないみたい。一番近いところでいいや。

宿の紹介ページを開くと、「港から程近く、部屋はきれいでおしゃれ、何より、スタッフがとっても親切」とコメントがついたゲストハウスがある。行ってみよ。

歩き出すと、そこはすぐに見つかった。壁中にポップな神さまが描かれているからよく目立つ。アトリエ兼カフェ、といった雰囲気の建物だ。

「ナマステ〜」

挨拶しながら入ってみる。中の壁にも、一面にカラフルな神さまの絵。おしゃれで気分あがるな。

少しすると、背の低い男性が奥の部屋から出てきた。にっこにっこだな。さすが親切で評判なだけある。

部屋を見せてとお願いすると、まだ掃除済みのところがないから、少しだけ待ってと。ほほ〜。この時間で、どこもかしこも掃除手つかずとは。ゆるくていいな、さすがインド。ま、別にいいんだ、待つのは得意。重いバックパックをおろせればＯＫ。じゃ、神さまを拝みながら日記でも書こうかな。イスに座ってノートを取り出し、表紙をめくる。と。

「さぁ、掃除完了、どうぞー！」

わぁ、すごい、はっや〜い♪

宿の壁に描かれた、カラフルな神さまたち。つい泊まりたくなる。

……て、はやすぎでしょっ！

ま、でも、一応見てみるかー。部屋へ行くと、明らかに、シーツをチョロッと換えただけ。

ま、でも、部屋の壁も、動物やら曼荼羅《まんだら》っぽいものやら、巨大な神さまやら……隅々までペイントされてて、なんかおもしろいからいいんじゃない？　安いしね、インドだしね。

そんなわけで、チェックイン。バックパックを運び入れ、荷物を出すべく、チャックに手をかける。するとすぐに、部屋のドアがトントントン。

「疲れたでしょー、アーユルベーダのオイルあるよ〜」

「え、ほんと？　そのマッサージ、行こうと思ってたんだ〜」

「それならちょうどいいよ、ぼく、アーユルベーダのマッサージ師なんだ」

へぇ、ホント？　ちょっと疑わしいけど、アーユルベーダには興味津々。ドアを開けると、にこにこマンは、すいすい中へ。

「これさー、ヘッドマッサージ用なんだ。疲れは頭からとらないとね」

そう言いながら、あっという間に、ドバババーッ。

わぁ、すごい、はっや〜い♪

……て、はやすぎでしょっ！

それって触りたいだけでしょー！

とはいっても、現実すでに、ぬるぬるヘッド、オーマイゴッド（怒）。ていうかコレ、ちょっとひんやり、ほてった頭にいい感じ〜。現実すでに、うっとり気味です、オーマイゴッド。

と、いうわけで。頭くらい、いいんじゃない。マッサージタダって、正直うれしいし。太っ腹にも、自称マッサージ師さん、きっとエセ野郎にＧＯサイン。

これがさー、いいんだ。この人、本物かもしれないなぁ、疑ってごめんね。ココロもだんだんほぐれ、髪をゆわえていたゴムさえ解き、全力でやりきっていただくことに。

「気持ちいいでしょ〜、首筋もやってあげるよ、ねっころがって」

「そだね〜、じゃ、よろしく」

もうすっかり、こやつ信用、ベッドに横たわるわたし。タダでやってくれるなんてサービスいいなぁ、ガイドブックの言う通り——。

「ブラとって」

おぉう！　やっとの思いで、こやつの下心に気づく！

あほか自分ー！　あほかあんたー！

ブンッと勢いよく立ち上がると、

「おわりおわりっ」

と叫び、ドスンッ！　エセ師を、廊下へと押しやり、バタンッ！　力いっぱい扉を閉めて、ガスンッ！　荒々しく鍵をかけてやった。

「ど〜したの〜?」

扉の向こうからエセ師が言ってる。

あれ？　ぜんぜん悪びれてない。もしかして、ほんとに親切だった？　だとしたら、なんかはずかしいな、エッチだな自分、えへへへへ。ま、気持ちよかったし、得したってことで、終わりにしましょ。

それにしても、こういう葛藤《かっとう》を抱くのも、タダだからでしょ。タダより高いものはないんだよ～、昔の人はよく言ったもんだ。

早く、ちゃんとしたとこ行って、ちゃんと気持ちよくなりたいな。

こんなときこそ、ロンプラ先生。パラパラとページをめくると、きちんと評判のいいアーユルベーダのマッサージ屋さんが載っていた。どうやら、電話予約必須の混みっぷりらしい！　なので、さっそく電話を探しに出かけることに。

それくらい、宿で貸してくれるだろうけど、マッサージなんて口にしたら、また面倒なことになりかねないからね。で、歩き始めると……

「ナマステー、かわいいね、マッサージやったげる」

「ナマステー、かわいいね、マッサージやったげる」

すれ違う人すれ違う人、みんなが、同じセリフで声かけてくる！

なんだこの町、歌舞伎町!?　いやいや、真のピンクシティ（＊2）に大抜擢《だいばってき》だ！

よろこべよろこべ！

……うーんうーん、なんともかんとも、落ち着かない。さっさとやりたいことやって、この町を出よう。


と、思ったところで、『カタカリダンス』のチケットを持ったおっちゃんが近寄ってきた。これは、コーチンの有名な伝統芸能。分厚いメイクのダンサーがカタカタと妙な動きで踊るらしい、というのが勝手なイメージ。本当のカタカリ、見たかったんだ、ちょうどいい、買った！


チケットを受け取ると、例の呪文を、シャワーのごとく浴びながら、教えてもらった会場までいそいそ歩く。

そして、会場に入ろうとしたとき、アーユルベーダ屋さんに電話していないことに気づいた。大人気らしいから、早いとこ予約したいな。だってこの町早く出たいんだもの。始まるまで、少しだけ時間あるし、電話のあるトコ、ダレかに聞いてみよ。

その辺に群がっている中で、一番気のよさそうな人を物色。あ、あの小熊ちゃんがいいや。バイクにまたがってる、やさしげで、小熊的な風貌の彼。

「ナマステー、電話、どこにありますか?」

「うーんと、あの店にあったような……。ダンスもうじき始まるし、乗せてってあげる」

大丈夫だいじょうぶ、きっと彼なら大丈夫。あくまで、ノリとカンだけど、小熊だし。ありがたく後ろに乗って、電話があるらしい、文房具屋さんまで連れて行ってもらった。果たして、アーユルベーダの予約は、当分いっぱいで、できなかった。けど、そんな縁で、小熊ちゃんとは話が弾んだ。宿について聞かれると、まだ来たばかりでわからないけど、どうも怪しい感じのところだ、と答えた。

すると、小熊ちゃんちも、ホームステイをやっているから、引っ越してきなよ、と言う。しかも、あの宿よりもっと安くしてくれるって。いいねぇ。じゃ、ダンスの後で、まずは部屋を見せてもらお。

カタカリは、一回一回の公演ごと、丁寧にメイクをするそうだ。この段階も、すでにパフォーマンスなんだって。ちなみにメイクは、こけしと、おかまと、タイのお寺をミックスしたっぽい、お面的かつ、摩訶不思議な特濃だった。

ダンスは、顔と体全体を使って巧みに感情や情景を表現する、パントマイム式で歌舞伎調。全体としてはとっても繊細でミステリアス。魔法がかってて、カタカタ動く感じがどこか渋い。

感想？

……ね、ねむかったです。ごめんなさいっっ！

ダンス終了後、約束通り小熊ちゃんのバイクに乗って、部屋を見せてもらいに行った。部屋はほんとに広くてキレイ。しかも、気持ちのいい屋上もあるときたっ！　まわりに大きい建物もないから、朝日も夕陽も、星空だって堪能できそう。わーい、気に入った。明日、引っ越しまーす♪　二人、嬉々としてリビングへ。

ソファーに座ると、小熊ちゃんは、自分は気が見える、と言い出した。

そういうのって、いかにも怪しそうでしょ？　でも、ちょっとおもしろそうでしょ？

試しに見てもらうことに。すると彼、一気に神妙な面持ちに変身。小熊のクセに。

左手でわたしの手を軽く持つと、右手で腕の内側をさわさわと触った。そして、

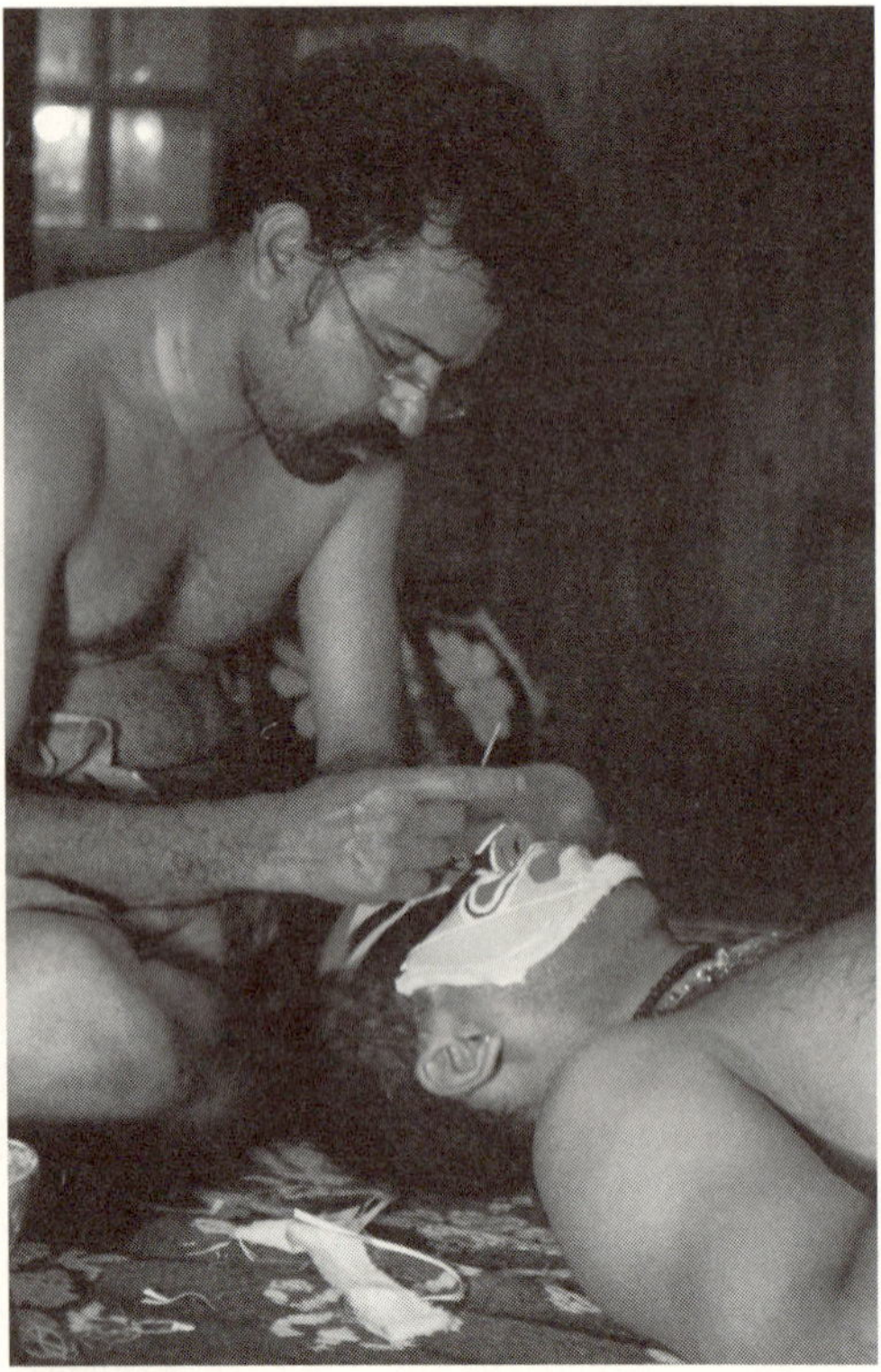

一時間ほどかけて特濃メイク。毎回毎回よくやるなぁ。

「あなたは～いつも～緊張していま～す。だから～ねむりが～いつもあさ～い……」

と、言うじゃないの、吐息交じりで！　お、おもしろい！

でも、小熊ちゃんは真剣そのもの。なんか悪いし、声を出さず、なんとかにやにやだけで耐える。

「今から～わるい～テンションを～ヘッドマッサージで～とりのぞきま～～す～～」

そう言うと、わたしの首の付け根の左右から、頭のてっぺんまで、スローモーに両手でさわさわ、そのまま何かを捧げるように、天へ、やわらか～くかざした。瞳はちょっぴりうるんで、う～っとり。ちょっと切なげ。神さまに?うっふん、とウインクすると、ふぅ～～っと何かを、や～さ～し～く～、吹き飛ばした。

もう、限界！

「ぷはははは――！」

一気に笑いがこぼれてしまった！　だって、小熊ちゃんだよ！　熊みたいなおっさんになる素質まんぱんの小熊ちゃんが、メーテルばりの切ない表情で、やさし～い息を吐き続けてるんだよ、近距離で！　反則だよ、最高すぎるよー！

ところが小熊ちゃん、わたしの笑いなんてまったく気にも留めず、もう片方の腕も出せと言う。すごっ。

「もう、今日はいいや、明日来るねー！」

そういうと、ひとりでとっとと小熊家を出た。

うーん、どうしよっかな、お引っ越し。ホームステイということは、ファミリーのみなさんとふれあうわけで、小熊ちゃんのお父さんともお話しするんだろうな。きっと大熊だよ。思うに、もっとうっとりして、魔術の吐息を披露してくれちゃうんだよ。

おもしろそうだけど、見てみたいけど、正直一回でいいや。あきるよたぶん。めんどくさそ。

でも、小熊ちゃんは、きっと善意の人。裏切るのは、いたたまれないな……。

ところで、ココがどこだかわからない。そういえば、もともとバイクで連れてきてもらったところだった。地図は持っているけど、起点がわからないから役立たず。辺りはすっかり暗いし、ヒトもいない。うーん、ま、とりあえず、歩くか。

明るい方へ、明るい方へと歩いていくと、やった！　お店の並ぶ、にぎやかな地域に突入。港はどっちだか聞いてみよう。ひとりに聞くと、後から後から、「どうした、どこいく、大丈夫か？　あ、港？　それはあっちだ」。いろんなヒトが声をかけてきてくれる。やさしいな～、うれしいな～。でも、

みーんな指してる方向違うじゃん！

聞きすぎて、途方にくれていた。すると、またひとり。もういいよ～、と思ったけど。なんかこの彼、インド特有の粘っこさがなくって、爽やか。貴重だな。聞いてみよ。

「わ。あの宿に泊まってるの!?　やばいヤツしかいないとこだよ！　汚いし、蚊帳《かや》もないでしょう。しかも、中心部から外れてて、不便じゃない？」

おー、そうだそうだ、その通り。

「僕が働いてる宿、すごくキレイで広いよ。町の中心部だから便利だし、安くするよ。なんてったって、蚊帳もあるし！　見に来れば？」

おー、そうかそうか、やっぱりね。みんな結局セールスだ。仕方ないけどさ。

さて、誰を信じていいのやら。まったくもってわかりませ――ん。

じゃ、ノリとカンで、いきますか。

彼について行くと、宿はほんとに中心部にあって、キレイで広めだった。ピンク色の蚊帳もついていた。よし、こっちの宿に引っ越そう。明日の部屋を予約すると、

「ぼくはチブ。明日の朝迎えに行くね。荷物運んであげる。

あ、忘れないで。部屋に入ったら絶対に鍵をかけること、二度と出ないこと！　葉っぱとセックスしか、考えてないヤツらだ！」

ひえ〜、そこまで言われちゃうとはね……怖さ倍増だ〜。

宿に着くと、別のヒトが番をしていた。わたしの顔を見るとニヤリ。

「これ、アーユルベーダのヘアオイルなんだ」

「ぎゃ――――！」

一目散に部屋へと走り、バタンッ！　力いっぱい扉を閉めて、ガスンッ！　荒々しく鍵をかけてやった。

その後、扉の向こうからいろんなお誘いがしつこくきたけど、NONONO！　でなんとか一晩をしのいだ。あー怖っ（涙）。


翌朝目が覚めると、かつてないスピードで支度をし、さっさと宿を出た。

すると、夕べのチブが、ほんとにオートで迎えに来てくれていた。彼は、宿での仕事の他に、オートのドライバーもしているそうな。

いやー、こっちの宿は、すごーく居心地がいい。これで、コーチンが好きになれるかも。

宿ライフは、土地の好感度も左右するから、けっこう大事なんだ。

さてさて、ほっとしたところで、カメラさんぽにでかけましょー♪

夜遅く宿へ戻ると、チブがわたしの帰りを待っていた。彼はいかにも南インド的な男前。顔のパーツがそれぞれ主張していて、丸みがある。

「あのさ、日本語教えて」

「いいよ〜、わたし、マラヤラム語が知りたい」

よくあるパターンだよね、語学ナンパ。でもたぶん、本当に知りたいと思ってるし、わたしもそうだから、ま、いいのだ。

そんなわけで、基本会話を教えあい、どんどん仲良くなっていった。

しばらくすると……

「ヘッドマッサージしてあげる」

おまえもかー！

ま、でもね。仲良くなる段階を、踏んだ後の申し出だし。許しましょー、平気でしょ。ってことでやってもらうと、これまたホントに気持ちいい。コーチンの小学校では、ヘッ

ドライバーさんのお好みで盛大にペイントされたオート。

ドマッサージの授業があるんじゃないかな？　そんなこんなで二晩。夜遅くまで、言葉を教えあったり、呑んだり、おしゃべりしたり。


三日目の朝、急に他の地に行こう、と決めた。行き先は、そうだなー、ずいぶん海沿いにいたから、そろそろ山がいいな。ムンナーという、紅茶畑のある高原へ行ってみようか。荷物を作りつつ、うろちょろしていると、廊下でチブにあった。

「おはよ〜。これから発つことにしたよ」

「今日!? !! ??」

チブは、必死の引き止め作戦にでた。お願い行かないで、さみしい、悲しい、せめてもう一日だけ。チブはオトコなのに、何度も何度も、そんなことを言った。

「ほら、あんまり一緒にいると、かえって別れがつらくなるでしょ」

「いいよ！　つらくったって。今、一緒にいたいもん！」

「わたし、旅人だからさ、行くよ。

お客さんいっぱい来るし、あっという間に忘れちゃうよ〜」

ムンナーの広大な紅茶畑の中にポツンポツンと家が現れる。メルヘンチック。

じゃ、と勝手に話をしめ、部屋に戻って支度を再開。

すると扉をトントントン。無視するわけにもいかないので、ちょっとだけ扉を開けた。

「これパスポート。もう行けよ」

と言って、コピーをとるため（＊3）、ゆうべ預けた大事なそれを、ブンッと部屋へ投げいれた。

ちょっと、切ないじゃん！

すると、しばらくして再びトントン。今度は、ちょっとだけうれしい気分で扉を開けた。

スキマから、またも何かが投げ入れられる。手紙だ。

「行かないで」

実はそのとき、二日後の午後二時に、コーチンから出発するゴア行きの寝台列車のチケットを用意していた。インドの寝台列車はいつも込んでるから、早めに次の電車を予約するのが無難なんだ。とくに、わたしが使っていた二番目に安いエアコンなしの寝台車は人気だからね。

でも、ムンナーから直接ゴアへ行くより、前夜にチブの宿に戻った方が絶対らくちん。

「帰ってくるよ、ここに、一晩だけ。また呑も～」

そう告げると、チブ……瞳がキラッ。

そして、わたしはひとりで、ムンナーへと向かった。

*1
インド中で普及している三輪のドアなしタクシー。風が吹き抜けてとっても気持ちがいい。値段は、ドライバーさんにより、メーターを使うか、交渉か。

*2
ラジャスターン州の有名な観光地、ジャイプールの別称。城壁や建物が、赤褐色の砂岩で作られ、さらにピンクに塗装されている。町中がピンクだらけでとってもかわいい。

*3
州によっては、宿泊時にパスポートのコピーが必要。あらかじめコピーして持っておくと預ける必要がなくていい。ていうか、わたしみたいに預けっぱなしにするのはよくない。

8
コーチン
離婚届を出す日

二〇一一年三月三十一日。

ムンナーに一泊だけ滞在すると、コーチンへ戻るバスに乗りこんだ。

隣には、おかあさんと、ひざの上にのったおちびちゃん。母娘そろって、ハッとするほど美形。目がキラッキラで、大きすぎるほど。おちびちゃんの手には、太陽マークのクッキーと、くるくるしたマラヤラムの文字が並んだ、カラフル印刷のとってもキュートな新聞。読めないのにね。

表情があんまりかわいいから、思わずカメラを向けると、キャッキャキャッキャと大はしゃぎ。おかげで、こちらもさらに、にまにままー。なんかもう、胸の辺りがくすぐったい。

やばい、恋に落ちたかも。

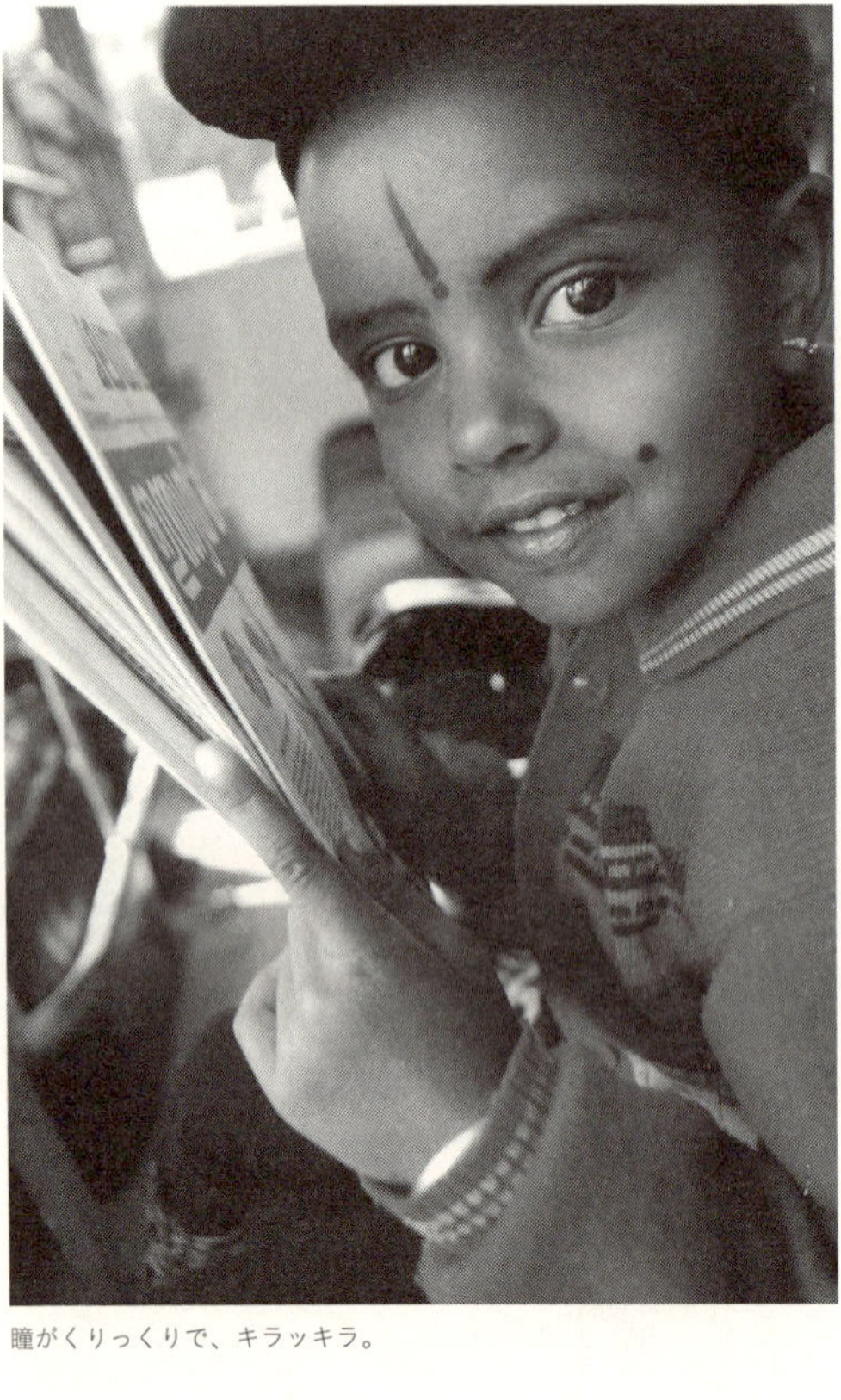

瞳がくりっくりで、キラッキラ。

インドに来てから、たくさんの親子とふれあった。おちびとたくさんじゃれて、たくさん写真を撮って、たくさん笑顔をもらった。

おかあさんたちは、いっつも、しあわせそうだった。この子が大切で仕方ないの。そんな思いがにじみでていた。

＊

正直、わたしには、出産願望がない……正確に言うと、なかった。

七年半前。元ダンナの口から、はじめて「結婚」の二文字が出てきたとき、わたしはすぐに、喜びと、複雑な気持ちを言った。

「わたしは、偏食です」

「子供は、いりません」

なんだそりゃ。偏食は、まぁいいでしょう。当時はほとんど、ケーキとパンで生きてたからね（笑）。

子供は……自分が、子供だから。やりたいことが、いっぱいあるから。

「それでもいいよ」

じゅんくんは、表情を変えずに、そう言った。

すぐさま二人とも退職して、南米に旅立った。成田に行く途中、区役所に寄って、婚姻届を提出した。旅の途中、ヒトに景色に、遺跡やゴハン、革命的な出会い満載、ミラクルな南米の旅を、イラストエッセイにしたいと思った。旅が楽しすぎるから、表現したかった。

帰国してから、書いては売り込んで、描いては売り込んで。三年後に、めでたく『気がつけば南米』なる本を出版した。それからも、同じようなことの繰り返しだった。常に、自分のことで頭がいっぱいだった。


そして、七年半後、年末のある日。

ダンナは、「離婚」の二文字を発した。

翌日の夜、夫婦関係を続けるための方法を話し合うために、カフェで待ち合わせた。

「それで……方法は、見つかった?」

じゅんくんが言った。

「わたし、もっと魅力的になるから！　直してほしいこと、教えて」

「ともちゃんは、充分魅力的だよ。……そんなことじゃないんだよ」

じゅんくんは、離婚をしない方法は、一つだけあると言った。

「すぐ、子供がほしい。次の本を出してからとか言わないで。結婚を申し込んでいるようなものなんだよ」

言葉が、詰まった。

なにも、言えなかった。


「子供がほしい」とずっと思っていたらしい。でも、わたしには、過去一度たりとも、それを伝えたことはなかった。すぐに、出て行ってしまうだろう。そう、思っていたそうな。

夫婦なのに、「子供」の問題を、口に出すことすら、押さえつけてしまう、

わたしって、一体、なんなんだ。

子供。

じゅんくんにとっても、問題外だと思いこんでいた。まさか、子供を切り札に出すなんて。

子供をほしいと思うのが、当たり前?
自分が、ひどく、人でなしに思える。
当たり前じゃなくっていい。人と違ってもいい。
だけど、人でなしにはなりたくない。
人でありたい、「うん」って言いたい。脳みそがもがく。
でも、言えない。感覚が、「うん」って言わない……。
ぐるぐるぐるぐるぐるぐるぐるぐる。葛藤は続く。
まるでメリーゴーランド。とびきりシュールなメリーゴーランド。
あぁぁ木馬のスイッチが切れるとき、答えを出さなきゃいけないの?
知ってるんだ、知ってるんだよ、自分の答えは。
でも言えない。
言ってしまったら、二人は、終わってしまうから。
あぁぁ木馬のスイッチ止められない。
……何も、言えないんだ。
停止し続けるわたしに、ダンナは言った。
「夢に向かって、全力で走り続けられる人なんて、そういないよ。

そこは絶対変えてほしくないよ。応援したいよ。

でも、それじゃあ、自分はしあわせじゃあないんだ。

夫婦でひとつのことに向かっていきたいけど。

ともちゃんの思い描く夢の中に、自分はいないでしょ」

＊

その後、一緒に家へ帰った。

けど、わたしは玄関のドアをくぐれない。

「さんぽしてくるね」

ぐるぐるぐるぐるぐる、どこだかなんだか、夜の東京を歩いて歩いて歩いて歩く。

ふと、ヒトの声を聞いてみようと思った。

答えはわかっているのに、背中を押されたくて？　引き止めてほしくて？

三人の顔が頭に浮かんだ。

旅行作家の大先輩、直感の鋭い、石田ゆうすけさん。たまにしか会わないのに……だから
かもしれない。会うといつも、ドキッとすることを言い当てられてハッとする。うすうす気

づいてはいるけど、自分では認めていないことをね。

はじめて話したのは、わたしが本を出そうと奮闘していて、原稿を見ていただいたとき。あのときゆうすけさんは、わたしのキャラから、既婚ということに心底びっくり。

そして、「まだ結婚しとるん?」と付け加えた。

既婚者であることに驚かれるのはよくあるけど、その発想を加えたのは彼だけだ。先見の明ありすぎ（笑）。

そんな彼の、直感の言葉を聞きたかった。

「子供じゃないな、問題は」

一言目の発言だった。なるほどと思った。


過去、じゅんくんにわたしをとられた元彼に電話をした。男友達では、一番わたしらしさを知ってくれているはずだから。

「ともこに、子供はないな〜」

と、やわらかく笑った。

大学時代の仲良し、あんなことやこんなこと、いろいろ味わい尽くしている既婚のかおりに電話をした。

「子供をほしがってくれるなんて、いいことだよ〜」

と、ため息をついた。

＊

結婚生活は終わった。でも、自分の中で、「子供問題」は残った。

わたしは、本当に人でなしなのか？

ところが、バスの中で子供たちを撮っているとき、いきなり、ストンときた。

ほしくなるかもしれないし、ならないかもしれない。

それで、いーじゃない。


決めつけなくって、いーじゃない。


人に、なれた、気がした。

バスは、ぐんぐんコーチンへと向かう。昨日と同じ道を帰っているはずだけど、とっても新鮮、はじめての道みたい。

まぁ、それもそうか。昨日通ったのは真昼間。エアコンも扇風機もなく、人人人で埋め尽くされた、ゆでだこ沸騰バスだった。しかも、ガッタンゴットン、激しいな！　いとも簡単に意識は奪われた。

対して今日は、夕方遅めの便。風がとってもここちよく、意識はっきり、気分すっきり。

車窓にはりついてるのが、楽しくて楽しくて。

そういえば。明日の電車、何時だったかな。確認しようと、チケットを見る。

「四月一日、十四時発」


あ。

そうだった、よね。知ってた。

今日は、三月三十一日。

ダンナが、離婚届を提出する日だ。

今、こんなに楽しいから。ココロを乱したくないから。

気づかないふり、一生懸命装ってたんだ。

ココロが、停止した。

ただ、ただ、車窓を眺めた。

何も、考えたくない。

コーチンへ向かって、走ること三時間。
太陽は、沈んだ。
星が、いくつか瞬《また》いている。
熱風は、すっかり冷めた。
乗客は、もう、ほとんどいない。

突然だった。
あるカーブを曲がったとき、涙がどっと溢れた。

何が、きっかけかなんて、知らない。

「明日から、渡邊智子」

勇気を出して、つぶやいてみた。


……びっくりするほど、簡単だった！

＊

三週間前、マカオで、全てをリセットしようと突然思った。

「とまこも、大屋智子も、渡邊智子も、ぜんぶぜ——んぶ、いらない。

名前も、やってきたことも、ぜんぶぜ——んぶ捨てて、ゼロからやり直そう」

とびっきりキラキラした瞬間だった。新鮮すぎて、爽やかすぎて、神さまに心底感謝した。

言ってみれば、この三週間は、自分を元の自分からつきはなしてきたんだ。日々、ホント
に全てが新しくて。インドが新しいからってわけじゃない。受け入れ態勢が、すっかりゼロ。

全てが、そこから構築されていった。楽しい！

……でも、何かが足りない。

そして今、つきはなしたはずの自分が、これまで生きてきた事実が、すっと、ココロと体に舞い戻ってきた。

いいよ。

今いるわたしは、これまで歩いてきた、わたしの続き。

断ち切らなくっていい、過去あっての、今なんだ。

前も今も「とまこ」で、これまで「大屋智子」で、これから、改めまして「渡邉智子」。

本を書いて、ダンナにキャパオーバーと言われ、サヨナラして、新しくカメラが大好きになって、これからも書き続ける、

『わたし』でございます。

わたしは、過去の自分と決別することで、逆に認められるようになったんだ。

フォート・コーチンへ渡るフェリーから、向こうの工場が見える。幻想的。

今、決別した過去を取り戻し、『わたし』であることを、許すことができたんだ。

まだまだ、泣いた。

うれしすぎて。

新しいステージに、今、立てた気がして。

泣いて、泣いて、わんわん泣いた。

鼻水たらして、鼻かんで、バックミラー越しに運転手さんと目が合って、ぎょっとされたから、ハッと我にかえって、ニヤッとした。

運ちゃんは、ミラー越しに、微笑《ほほえ》んだ。

コーチン駅に到着すると、フェリーに乗って、宿のあるフォート・コーチンへと向かった。港には、照れ笑いを浮かべるチブが立っていた。

うれしい、予想以上にうれしい！

とたんに、顔がゆるんでく。待っていてくれるヒトがいるって、しあわせだね。家族でも、恋人でも、友達でも。ありがたすぎるよ、チブ。

その夜、チブが用意してくれたラムと、わたしが買ってきたムンナー特産のチョコでカンパイした。

「今日さー離婚記念日なんだよ！　ひとりにしないでくれて、ありがと」

あ、そうだ。チブに託してみようか。

バックパックを探ってひっぱり出したのは、ずっと前、チベットのお寺で買ったお守り。

＊

大学卒業後、秘境旅行の会社に入社して、ツアーの添乗をしていた。

二年目の夏、上司のじゅんくんを意識している自分に気づいた。彼はいたけど。

チベットに行ったのはそんなとき。自分は誰が好きなんだろうって、むずむずしながら。

そこで訪れたあるお寺で、ココロに留まったのがコレ。本を出版したい、しあわせでありたい、という願いを込め、二つ手に取った。

ひとつはわたし、もうひとつは……？

じゅんくんの顔が浮んだ。迷いはなかった。

以来ずーっと大切にしていたけど、このインドの旅で、どこかに奉納しようと決めていた。

願いを叶えてくれて、ありがとうございました。じゅんくんと、新たな生活を始めたし、本を出版することもできました。

時は流れ、その生活も、幕が閉じたのです。今度は、チブをお願いします。わたしのココロを和ませてくれたチブに、新たなパワーを授けてください。

「ステキな人と出会って、夢が叶いますように」

そう言って、チブにお守りをわたした。

わたしは、この旅のどこかで、新しいお守りに、出会えるはずだから。

＊

翌朝、四月一日。

渡邊智子、アゲイン！

チブのオートに乗って駅へ向かう。遠回りだけど、橋が架かっているから行けるんだ。

橋の周りでは漁師さんがせっせとボートを漕いでいた。

風がスースー吹き抜けてとっても爽やか。橋にさしかかると、視界がぶわっと開けて、爽やかさ倍増。思わず、大声で歌う。

いつか　誰かと完全な　恋に落ちる〜

Oh Baby Lovely Lovely 甘くすてきなデイズ♪

小沢健二の『ラブリー』。おいおいー。今、この歌詞かい。なんか、直球すぎてはずかしいけど、自然にでちゃったのだから仕方ない。しかも、妙に、おきらくごくらく、のりのり全開で歌ってたのだって事実だ。

離婚届は紙っぺら一枚。たかが紙、されど紙。ずいぶん、キッパリ、クギリをつけてくれたもんだ。囚われていた何かから、解放されたみたい。

新しいステージの、始まり始まり〜。あぁ、空が青い！

駅に着くと、ホームのベンチにチブと座る。しばらくして電車が来た。チブは、巨大で重いバックパックを席まで運び入れてくれた。助かるなぁ。男手バンザイ。

すると、電車がゆっくり走り出した。チブはまだ電車の中だけど。インドってこうなんだ。合図なしで出発しちゃう、ドアも開けっぱなしで。

一緒にドアの辺りまで行く。
わたしは、大きな笑顔で「ありがとう！」と言った。
チブは、大きな瞳でわたしをじっとみつめ、だまったまま、大粒の涙を流した。
そして、電車が駅をぬける直前、くるりと背中を向け、ホームへ飛び降りて消えた。

9

ゴア

恐怖のナルシスト・スパイラル

ゴアからハンピへと向かう、寝台バスに乗り込んだ。

はぁ〜、よかった。これでひと安心、もうヘイキ！

だいぶ気を張っていたから、どっと疲れがでたみたい。夕焼け直後の早い夜、寝台バスに乗り込むと、あっという間に眠りに落ちた。ろくに星空も拝まず、ず——っと、意識不明。

*

ゴアってほんと、ヘンな町だ。

ザ・エロ・シティ。

いや！

健全に楽しく過ごす方法はいくらでもあるはずだ。うん、決めつけちゃよくない。

でも、わたしがゴアに滞在した二日間は、恐怖の連続だったんだよー！（涙）

早朝、寝台列車でコーチンから到着。ヴァルカラで出会った、アメリカ人男性と中国人女性のカップルがオススメしてくれた宿へ向かってビーチを歩いていると——。

「ハロー。宿、ないんでしょ？　オレの部屋に泊まんなよ、タダだし」

あ？　はははははは〜、気が利きますね〜。

お断りしますがっ。

笑いますよ、笑ってかわすことはできますよ、大人ですから。みーんな、そうやって声かけてくるけど、これがゴア式のご挨拶なんでしょ。

でも、あんまり多方面から連発されると、イラッとくるんだよねっ！

朝だよっ、爽やかな海辺の朝だよっ！

しかも、なんでゴアのナンパやろーだけ「ハロー」なのさ、「ナマステ」って言ってよ！

ビーチには、のんびり歩く牛とギャンギャンわめく犬が。

やっとお目当ての宿に辿《たど》りつくと、迷うことなく速攻チェックイン。部屋に入ってドアを閉め、ガツンッと鍵をかける。荷物をおろして、ベッドにごろん。こんなに殺風景な部屋なのに、いやぁ、もう、ここ天国！　人目がないって、なーんてステキ。

……甘美な時間はほんとに一瞬だった。

半分開けておいた窓の向こう側、ヒトの気配がありますが!?

おそるおそる顔を向けると、やっぱりそこにヒトがいる。

ひぃ～ノゾキ！

……いや？

目があってもなお、やけに堂々と立ってらっしゃるし。まるで悪気がなさそうだし。むしろ確信に満ちてるし。あぁそうか、これは正しいノゾキなのかぁ。

……いや！　正しくない！

勇気を出して、追い払おうと外にでる。

すると、さらなる問題が発生。

過去一番危うかった宿。ロッジタイプでパキッとした黄色の壁がかわいい。1泊100ルピー（約200円）。この窓から正しい（？）ノゾキが。

このヒト、かっこいい。

怒りがちょっとおさまっちゃうじゃないの。

視覚が自然に「かっこいい」を認識するのは仕方あるまい、事実だもの。

とはいえ、視覚を無視して、当然しっかり追い払う。

「どっか行ってよ！」

なのになんで、追い払ってる最中に、チューしてこようとすんのさっ！　空気読めっっ！

さらに。

誰だかの部屋の前を通り過ぎると、いきなりドアが開いて、オトコAが登場、部屋に引きずり込まれそうになる。

その辺を歩いていると、いきなりオトコBが出てきて、木陰へと力ずくで引っぱられる。

部屋の中で洗濯していて、くるっとふりむくと、オトコCがすぐ後ろに立っている……なんで入って来てんのさ！

ほんっとたちが悪いのは、そういうふとどき者は、ほとんどみーんな、かっこいい！

いまいち、怒り尽くせませんがっ！

これこそ、もっとも大きな問題なんだよね……（恥）。

きっとゴアは「オレかっこいい」的思考に支えられた輩しか、出稼ぎに来られない町に違いない。

輩の自信が、余裕を持ったふとどき行為に走らせ、その余裕が、獲物側の戦闘意欲をなえさせ、それが、輩にさらなる自信をつけさせ……。

あぁ、なんてよくできたナルシスト・スパイラル！　かっこいいってお得だなっ！

あ……ちなみに、わたしの見る目は、どんどん現地化していたんだけどね。

あの時、かっこいいと認識していた男たちの写真を今見ると、びっくりするもの。まったく自分の好みじゃなくて……（すみません）。

人間の順応力って、偉大だなー。

あぁもう、疲れたよ！　到着三時間で、二徹したくらい、疲れたんだ！

はまる人は、大いにはまると言われるゴア。ヒッピー文化の基地的存在のゴア。もしや、コレこそが魅力なの？

ちゃんと見て味わって知りたかったけど。わたしもパッカーのはしくれとして、「いろいろあるけど、やっぱりゴアが好き！」

って、言いたかったけど。逃げ出すみたいで、なんかイヤなんだけど。

ムリムリムリ～、逃げちゃいます！

早くも、翌日夕暮れ発のハンピ行きのバスを予約した。


ところで、どうやって恐怖の一晩をしのいだかというと。

こんなときこそ、同胞の友。二十代半ばと思《おぼ》しき、ワイルドかつ穏やな表情の、まさくんという九州男児と遭遇。その瞬間からコバンザメ。

お茶して、話して、星空の中二ケツして、マーケットに行って、ごはん食べて、夜中まで遊んで、翌日も朝からお茶して……。

カップルみたいだな（笑）。


ここにくるまでに、三組の日本人カップルに会った。そのうち二組は、ひとり旅の途中に、ゴアで出会ったと言ってたな。なんかわかる気がするぞ。

この恐怖極限の心理状態にある中、「オトコ」を盾に守ってもらったら、そりゃあぐっとくるだろうな。ココロが解放された旅中なら、どんな出来事も八割増しで楽しめるだろうし。仲も深まるでしょうよ、恋にも発展するでしょうよ、わかるな～（ただの想像だけど）。

で、まさくん。出会ったときには、既にわたしが翌日のチケット買っててよかったねぇ。きっとめんどーだったよ、バツイチほやほやに惚れられたらさっ（笑）。

10
ハンピ
消えるものは、消えるから

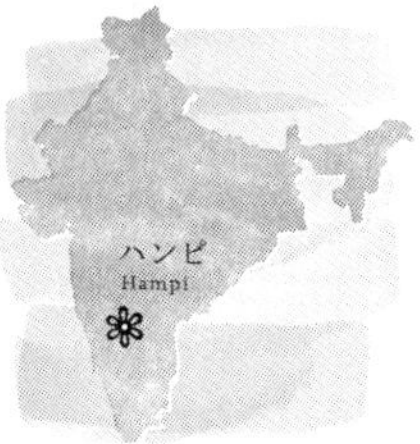

カーテンの隙間から、差し込む光で目が覚めた。わ。日の出、見逃した！　あわてて頭周辺をガサゴソ探る。わたしはとっても目が悪い。コンタクトをとった瞬間ほぼ見えない。メガネメガネ……その辺に、放置されてるはずなんだけど。ほんとにもー。

ひとり旅の欠点第一位は、メガネがしょっちゅう行方不明になることだよ。

夜行バスの絶大なるお楽しみといったら、見たこともない風景が流れる中で、夕陽が沈み、月が動いて、朝日が昇るのを拝むことなのに。電車も大好きだけど、それは電車用に作られた線路の上を進む。バスの場合は、一般の道を行くからいいんだよね。大好物、見逃しちゃったなー。

ごそもぞもぞ。あったあった。メガネを、さっとかけたら、カーテンを、ジャッと開ける。

…………？

メガネを、しっかり、かけ直す。

なに、ココ!?

い、石のかたまりが～！

なんか、意図的に積まれたっぽい、巨大な石たちが、そこら中に、ごろっごろしてるんですけど！　……夢でしょか？

このバスが向かっているのはハンピ。友人が、「あそこの遺跡はヤバイ」って言ってたから行くんだけど。じゃあ、あれがそう？

でも確かハンピは、世界遺産なるたいそうな称号も背負ってるはず。それにしては、無造作感満載すぎだし、近すぎでしょ。

でもでも、あれが自然のゴロゴロ感かといえば、それもちょっと、いや、だいぶ違う気が。

一体あの石たち、ナニモノだ？

無造作、広大、人少ない。こんなに浸れる遺跡ってそうそうない。世界規模で見ても、かなりお気に入りの地。

まったく状況を飲み込めず、おろおろしているうちにバスは停まった。終点だって。ってことは、ここがハンピ？

「?・」尽くめの寝ぼけ眼《まなこ》で、えっちらおっちら、手荷物をまとめ、バスから降りる。

この村、小さいな。世界遺産の観光拠点にしては、豆粒すぎにもほどがある。ほんとにハンピ？　これから、バスを乗り継がないと、なのかな？

ともあれ、バスのおなかに預けていたバックパックを受け取らないと。ついでにドライバーさんに、お悩み相談してみよう。さっきからわたしのココロは、「?・」の嵐でぐるぐるなんです！

果たして、窓から見えたあの不可解な風景は、ほんとに遺跡で、この小さな村は、やっぱりハンピ村なんだそうな。

バックパックを受け取ると、宿を探して歩き出す。

わくわく成分のおかげかな、大荷物なのに足取り軽いよ、ふわふわだ〜。

少し行くと、住居の並ぶ地帯に入る。

おや？　おやや？

ほとんどの家の、玄関先の道に、カラフルな画が描かれてるぞ。キッチュでかわいく、ときどきテキトー、味わい深い！

基本の柄は花で、それぞれに個性がいっぱい、見ごたえ大アリ。

歩いた分だけ、道に描かれた画に会える。コレ、どう見ても手描きでしょ、時間かかりそうだな。なのに道をキャンバスにしちゃって、たいそうぶらない感じがまたイイな！

出会うたびに、うきっうきっ。ハッピー増殖スイッチだー。

おっと。

かあさんが、ゆっくり、じっくり、粉を使って手描きしてる。

路上の画伯の正体はかあさんでしたか。

「ナマステー。それ、すごくかわいいですね！　どうして描いてるの？」

声をかけてみた。

「ありがとう、いいでしょ。神さまへのお祈りよ」

「へぇ、そう。でも、こんな道端じゃ、せっかく描いても踏まれちゃうんじゃない？」

「そりゃ、そうよ〜、夜にはなくなっちゃうわよ。だから、毎朝描いてるの」

「毎朝？　た、たいへん！」

「あら、当たり前よ〜、どこの家だってそうよ。神さまのためだもの。何十年も、ずっとね」

かあさんは、そう言うとニカッと笑った。

描いて、消されて、描いて、消されて、それでもやっぱり、また描くか……。

よくも、まぁ、粘り強っ！

なのに、なに？　かあさんの、このおきらく感、この笑顔。

はかなさなんて、まーるで気にしてないみたい。……そっか。


消えるものは、消えるんだね。


「自分が描く」

そこには、執着、執念、こだわりなし。

「神さまのために描く」

こうなると、執着、執念、こだわり満点。

なるほどね～、だから、ココロに響いたんだな、かあさんたちの路上の画は。

ベビーピンクにソフトバイオレット、オレンジ、水色……色使いのかわいさは驚異的。

11

ハンピ

ちょっと、別れが多すぎる

朝早く、小さな渡し舟で、トゥンガバドラー川対岸のヴィルーパプール・ガッディに渡った。

少しだけ丘を上がると、そこには光溢れる田園風景が広がっていて、川沿いにはいかにも居心地のよさそうな安宿が並んでいた。

軒下にはハンモック、庭にある大きなモニターでＤＶＤを上映してたり、おしゃれなカフェも併設されてたり。

突然現れたプチ天国、ヒッピー風味。このエリアは、バックパッカーの沈没（＊1）スポットと聞いていたけど、なるほど、なるほど。ココロも体も、のびきって、ふにゃきって、動けなくなるのは時間の問題だろうなぁ。

ヴィルーパプール・ガッディは、看板もおしゃれ。

個人的には、わたしが宿をとった川向こうのハンピ・バザール地区、お寺と民家と商店なんかが融合した、普通の村の方が好きだけどね。

天国エリアを抜けると、民家がぽつぽつ、ローカル度満点。のんきと、のんきで満ち満ちた、仕込みなしの田舎があった。こりゃいいぞ、おさんぽにはもってこい。

急にわくわくしてきて鼻歌開始。鼻歌ついでに、通りがかったガキンチョにちょっかい出したり、民家の庭をのぞいて、中のファミリーに手をふったり、動きのとろい鶏をファインダーのぞきつつ追いかけたり。

いや、いいねぇ。胸の辺りが、くすぐったくってシュワシュワだー。

こういう瞬間、旅が好きだとしみじみ思う。

それにしても、ハンピ遺跡は、思った以上に広いみたい。遺跡のメインは川を挟んで反対側、わたしが泊まっている村周辺に広がっている。そっちだけでも、とっても広大。全て観るなら、自転車ひーひー、バイクでなんとか。オートを使ったって、三日以上はかかりそう。

まさか、こっち岸にも、こんなに広がってるとは。

遠く向こうに、巨大な茶色い角張った石を積んだ山が見える。まるでアドベンチャームービーのセットみたいにかっこいい遺跡が、延々と続いているんだよ。

取り囲むぐるり一面に、整備の追いついていない遺跡らしき岩の山がいっぱい。

たぶん観光地としては、とくに整備されていないんだろうな。う～ん、そういうレアっぽいところこそ、行きたくなっちゃうね。

ちょっと想像してみた。だーれもいない、静かな遺跡の真ん中で、風の音や香りを嚙みしめる。ココロがふ～っと静まって、遠い昔と今のハンピが、わたしの中で入り交じる……。くっきり＆もやっと、マーブルマーブル、いろんな思いが訪れるんだろうなぁ。

で、足は？

オートかな～、だとしたら、チャーターするしかなさそうだ。うーん、ひとりだと高くつくな。

何より、ひとりだとドライバーの対応がめんどくさい。だって、これまでの感じからすると、最終的にはネチッとエロくなるに決まってる！　おっさんだろうが兄ちゃんだろうが、きっとそうに違いない！　エロく楽しみたいなら、お前が金払えってんだっ！

おっと、ロマンチックな想像の末、逆ギレしちゃった（笑）。

かといって、バイクは自分じゃ乗れないし。日本でも旅先でも、ヒトのバイクの後ろに乗るのは大好きなんだけどね。

わたし、今、ひとり……しょぼん。

チャリはひとりで乗るのも大好きだけど、今はどうも気分じゃない。

じゃぁ仕方ないな、こっち岸の遺跡は見送ろう。まぁ、いいさ。田舎満喫コースでーす。

引き続き、のんきなカメラさんぽを楽しんでいると、向こうの方からバイクがやってきた。乗ってるのは、若い男性っぽい。

おっと～、スピードゆるんだ～。おぉ～、なんか、こっち見てる気がする～。これは～、ナンパに違いない～。

でもこちら、エロの巣窟《そうくつ》ゴアから逃亡してきたばかり。とくに今、チャラ男は熱烈ノーサンキューですっ。

言っておきますが、インド人のナンパは、挨拶みたいなものなので。別に、わたしがナンパされやすいわけでは、決してない。

この国では、宗教や習慣の違う外国人が相手じゃないと、浮かれたこともやりづらい（＊2）。だからインド人♂は、外国人♀を見たら、とりあえずナンパしないと気がすまないんだ。

ちなみにネチネチッと、ムダに高カロリーなナンパだよ！

そしてなぜか、相手が外国人ならなんでもＯＫと思ってるふし、あるんだよね。違うわいっ！

そんなわけで、インドを旅する場合、男性と女性では、ぜんっぜん違う世界を見ることになる。

断言します、**五百四十度級で違う！**

あ、別に、どっちがホントとか、イイとかはないよ。どっちも、現実世界のインドだし。女性は、ネチ男がやっかいな分、得することも多いし。各々にあったバランス感覚さえ失わなければ、いいよね。

男性は、ナンパのうっとうしさがない分、お得も少しは減るんじゃないかな。

……まぁ、インド人♂による、外国人♂のナンパ話も多々聞くけどね……ひひひひひ。

果たしてバイクは、わたしの前で、ピタッと停まった。

お、まずい。

けっこうイケテます。イケテますよー、この男子！

「ナマステー。日本人でしょ、ひとり？（にこっ）

バイクで案内してあげるよ。もちろんタダだよ（にこっ）」

イケメン（にこにこ）＋バイク＋地元民のハンピ案内＝タダ。

←←←

チ〜ン。買いっ♪


とは、真面目なわたしには、できぬのです。

でもでも……うーんうーん。

さぁ、こんなときはリメンバー、エロ男＠ゴア！　ここだって、近くにあんなヒッピー地区があるんだから、フッリーダム感きっとあるでしょ。そんなのに捕まるとヤバイよー、めんどくさいよー、誘惑に負けるな自分！

「ううん、行かない」

「何で？　お金はほしくないんだ、ホントだよ。時間あるから案内したいなって思っただけだよ」

「ありがと。でも行かない。タダより高いものはないからね（日本語）！」

戒《いまし》めだ。自分に、言い聞かせるんだ。

敵は勢いのいい日本語にキョトンとしてるけど、だまされちゃあいけません。諺《ことわざ》バンザイ、昔の人はいいこと言うなぁ！

「でも、ひとり淋しいでしょ？」

「楽しいよ！　……淋しいけど」

ちょっ……それ反則だよぉ。デリケートなところつかないでちょうだいっ、失礼しちゃうな。

強がりたくなるし、強がる自分がむなしいし！

いやいや、かといって、楽しいのもホントなんだよ。

真剣に答える必要なんかないのに、今のわたしは複雑だからぐるぐるしちゃう。

「じゃ、行こ～。ハンピは広いんだ、歩いてなんてぜーんぜんムリ。僕は小さい頃からここに住んでるんだ。穴場ならいくらだって知ってるよ、任せて～」

でた、穴場。そうそう、それ知ってるのって、地元民ならではだよね～……ゆらゆらゆら。

「いや、行かないって。足で、さんぽするのが好きなの」

「じゃ、バイク置いてこ。すぐそこの秘密のカメラスポットに連れて行ってあげる」

「わーい、行く行く。ありがとう、うれしいっ！」

……おぉう。これには弱い、即答しちゃった。

彼のバイクのナンバープレートにはガネーシャがいた。

何で知ってるの？　わたしは、カメラがだーいすき。いくらでも撮って歩きたいんだ。秘密のカメラスポットとやらに、ホンキの期待は禁物だよね。

でもやっぱり、道中含め、いろんな画を撮ってみたいんだ。すぐそこって言ってるし、いいんじゃない？　カメラ前提でのお誘いなら、ちょっと、いやいや、だいぶ話は違うんだ。

＊

彼の名前はアディティヤといった。アディ、と呼んでって。

アディは、バイクを道の脇に停めると、ひょいっと、田んぼの溝を飛び越えた。振り返って、にこっ。そうして、手を、なめらか〜に、差し出した。

ヤシの木がぽつぽつ生える、だだっぴろい田んぼの、あぜ道を行く。アディの足取りはなんかふわふわ、ペースはゆっくり。あっちこっちチョコチョコ立ち止まっては、カメラを構えるわたしにあわせてくれてるのかな。

そうして相変わらず、にこにこにこにこにこ。

「あ、ちょうちょのカップル。ロマンチック〜」

わたしより先に発見、指差した。

「おっと〜♪　ちょっと待って」

アディは、少し先にある木に駆け寄ると、幹を体で隠す。

「物語があったよ〜」

「なになに？」

「じゃじゃ〜ん」

アディの体の後ろには、Ｐくん・Ｓちゃんカップルが彫った、のかもしれない、ハートマークが。

「ふふふふふ」

アディ、うれしそう。


なんか、このヒト不思議。気を引くために、テキトーに仕込んでる会話じゃない気がする。たぶん、いつもこんな感じなんだろうな。このさんぽ自体を、楽しく共有してる気がするんだ。そういえば、こっちのことを根掘り葉掘り聞いたりもしない。

「ぼく、映画のシナリオライターなんだ」

「へぇ、すてき！　どんなの書くの？」

「今はね、ちょっと切ないラブストーリー書いてるよ。ハンピボーイが、外国人の女の子と

Ｐくんとちゃん？　彫り方が上手。

恋をするんだ」

「へぇそう。そんな恋したんだね～。そのコ、今はどこ?」

「知らない」

アディは、くるっとふりむき、こちらの視線をふわっとキャッチ。

二人で、口をゆがめて笑った。えへへへ。


「スンデリスーンデリィ、スンデリスーンデリィ……、＊#%&（ヒンディー語）♪」

アディは歌い出した。なかなか、いい声ね～。

「これ、映画で使う曲だよ、作ったんだ。とってもロマンチックな曲でね、あ、スンデリって、かわいいヒトって意味だよ」

スンデリ部分は、発音もメロディーも覚えやすい。なにより、意味もいいじゃない。

ノリッノリで、一緒に歌った。


なんか淡いな、くすぐったいな。

ふと冷静にもなるんだよ。そんなときは、ちゃんとはずかしい。少女まんがのワンシーンみたいで笑っちゃうよね。でも。

いいじゃない。ここはインドの田舎で、わたしはひとり、旅の途中。せっかくの出会いだし。アディの描く世界にだって、おじゃましちゃうよ。

ところで、アディはシナリオライターと言ったけど、たぶん、まだタマゴなんだと思う。インドは映画大国だから。そういうヒトがその辺にいたって不思議じゃない。そして、プロじゃなくても、「自分は、シナリオライターだ」と、言い切る気概が好きだ。

田んぼを抜けると、川があった。この先に秘密のスポットがあるらしい。

「さぁ、いよいよこの先だよ。目を閉じて。いいって言うまで、絶対に開けないで」

アディ先生の言うように、目を閉じる。先生は、ふわっと、わたしの手を握り、ゆっくりと先導した。えっちらおっちら、いくつかの岩を乗り越えていくと、どうやら目的地に到着。

「そっちの手、出して」

反対の手を出すと、なにやら石を握らせた。

「世界で一番キレイな宝石がとれる、すっごい滝をお目にかけます！　さぁ、どうぞー！」

パッと目を開けると、強烈な日差しが、ぶわっと体の隅々へと流れ込む。

ちょっと目をぱちくりさせると、前に小さな滝……というより、川の段差を発見。

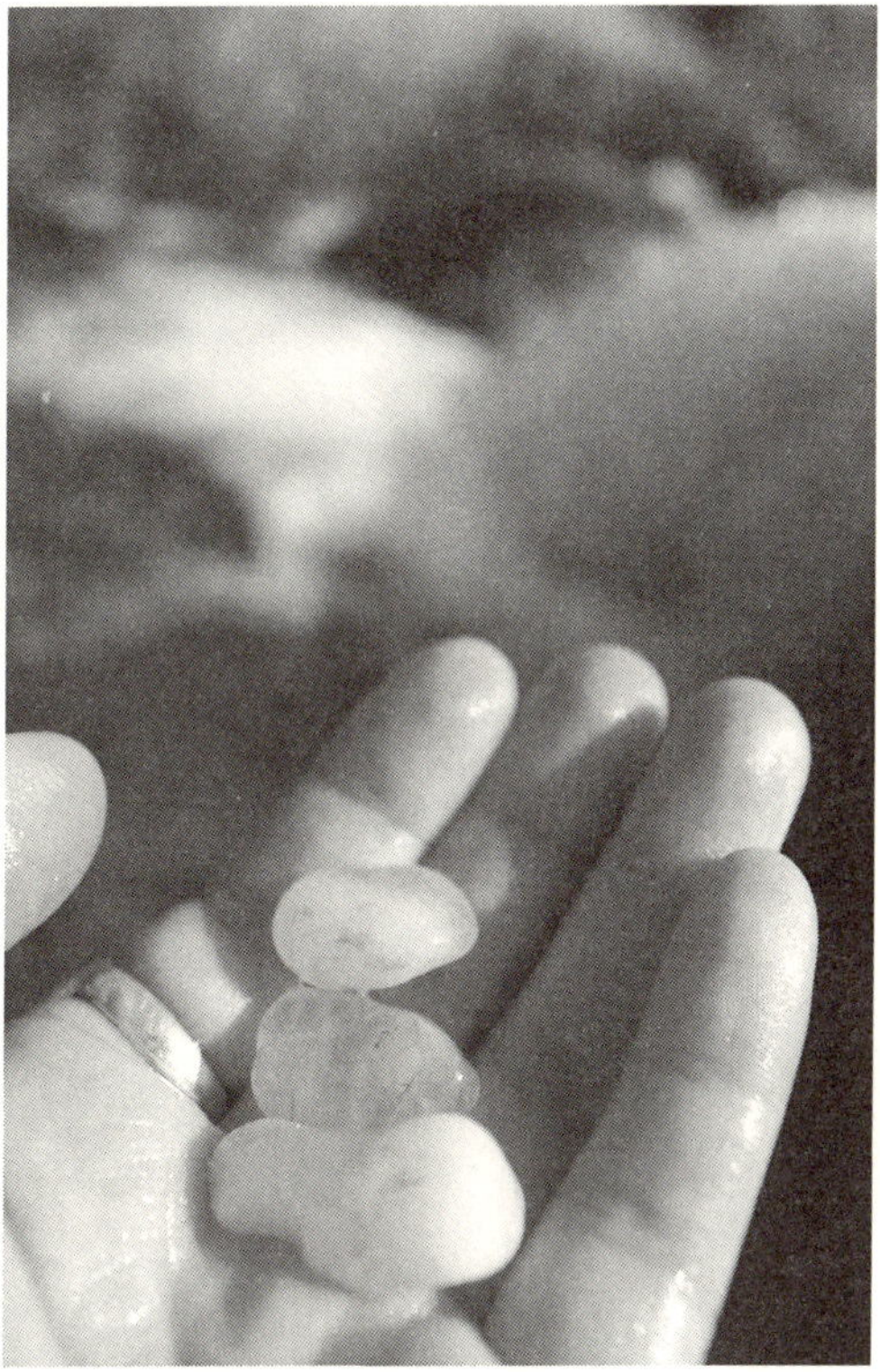

世界で一番キレイな宝石が、手の中にあった。

もしや、コレ？　手には、白くて丸い、石ころ。

「わぁ、すごい！　こんな大きな滝、はじめて！」

顔を見合わせて、二人でげらげら笑い崩れた。

……たいした映画じゃありませんなー、これじゃ売れませんよ、先生。

でも、とってもいい気分。なんかいい。アディ先生、気に入った。

そんなわけで、その後も、あっちこっちへツーリング。

テーマソングは、スンデリスーンデリィ……♪

＊

夕暮れ時、アディの友達と合流、三人で映画に行くことにした。バイクに三ケツ、とことこ走る。道の両脇には、緑の田んぼと、放置系巨大遺跡らしき、石、石。迫りくる迫りくるー。

そんなのの合間に、小さな集落が飛び石的に続く。小一時間も走ると、町に到着。久々に見る、現地人のための、小さな町。

映画館はその中心部にあった。町の公民館的な、色気のない、四角い建物。

観たのは、ポリスと社長令嬢のラブコメディ。言葉はヒンディー語。会話自体はさっぱりわからないけど、ストーリー全体はおもしろいぐらいつかめる。

女優さんはびっくりするほど美人でスタイルがいいし、衣装はどハデで見応えありすぎ。ヒーローはヒーローらしいし、でも完璧じゃなくて、そこがぐっとくる。

会場は、セオリー通りの箇所でどっとわいて、いやーみんな楽しそ！　そんな様子を見てるだけでも、にやっとしちゃう。

この映画タイムは百五十点だな。

う～んでも、しつっこくて強力な蚊が飛びまくってるから、百点ってことで。


上映が終わったのは九時半過ぎ。またバイクに三人でまたがり、来たときと同じ道を走りだす。町はすっかり眠ってる。田んぼ地帯に入ると、おみごと級の、まっくら闇。

空は、☆☆★の星絨毯《じゅうたん》。ひとつひとつが、白くキーンと際だって、瞬いて、それはそれはキレイだこと！

空気は、オール蛙。蛙かえるの大合唱、カエル真剣、一心不乱の第九並み。

目を閉じて、カエルの声に耳を傾けると、自分の体が緑になってきそう。

不思議なんだけど、そんな大音量の鳴き声が、少しも耳障りじゃない。むしろ音じゃないみたい、空気の一部なんだ。

自分が乗ってるバイクのエンジン音は、雑音以外のナニモノでもないのにね。でも結局、カエルに気持ちを奪われてると、耳元でがなってるエンジン音だって消えてしまう。ヒトが持ち合わせた、フレキシブルで、ひいきたっぷりのこの感覚、ベンリだな。

ほしいものを、選べばいい。
ほしくないものを、選ばなければいい。

ほしいものが増殖して、ほしくないものは消えうせる。現実の数値がなんと言おうと、感覚の世界は柔軟なんだ。名付けて「カエル理論」。カエル理論は単純だな。

そういえば、気温もすっかり下がってる。昼間の、あの強烈な暑さはどこへやら、涼しいくらい。田んぼの中、バイクで走っているといっそうわかる。自然の冷却力ってすごいな。するど、道の先に十戸くらいの集落が見えた。灯りはちょびちょび、かなりの節電？　あ、そうか、みんなもう寝たのかな？

わたしにとっては早い時間だけど、ここのひとたちは太陽とともに起きて眠るのかも。

いよいよ集落の前にさしかかる。と。
ぶわっと熱気が押し寄せてきた！
そして数十秒走ると、あっという間に集落を通り過ぎ……あらら！
すーーっと、再び冷気が取り巻く。

びっくりした〜。そして、ゾッとした。
たった数十人の質素な暮らしが、これだけの熱を生み出すとは！
たいへんたいへん、これじゃもう、東京は、ぼーぼーぼーぼーだよ、大火事だ！
こわ。

＊

朝に渡ってきた川へ戻ってきた。
あぁ、楽しかった！

トゥンガバドラー川。渡った向こう側が、ヴィルーパプール・ガッディ、日の出前から人々はここで沐浴をし、祈る。

アディと一緒にいて、一分一秒、隅々まで楽しかった。他のヒトとじゃなくて、共感ポイントの多いアディとだったから、こんなに楽しかったんだなぁ。

「また会える?」

アディは言った。

「うん。明日、また来る」

来ないような気がしたけど、そう言った。

「来るとき電話して。すぐココに迎えに来るね」

ケータイ番号を受け取ると、さよならした。

＊

翌日、川を渡らなかった。

翌々日も、渡らなかった。

とってもアディに会いたかったし、なんだか切なくなったけど。もう一度会ったら、別れがつらくなりそうだから、行かなかった。

ケータイも鳴らさなかった。話したら、川を渡ってしまいそうだから。

約束を守れないなんて、守らないかもしれないと思いつつ約束をするなんて。わたしはやっぱり、勝手だな。


アディと遊んだ三日後、ゴカルナという海の町へ移動するべく、夜行バスに乗った。

途中、ごはん休憩で食堂に停まった。

コインを握りしめて公衆電話へ。アディのケータイを鳴らした。


アディは悲しそうだった。

わたしは、「別れがつらくなりそうだったから」と言った。

「さよならも言えなかったよ。そういうの、好きじゃない」

そうかもしれない、と思った。わたしは、ほんとに勝手だな。

「でも、電話くれて、とってもうれしい！」

なんか、救われた。

そうそう、今、電話をかけたのは、言いたいことがあったから。

「ありがとう、本当に楽しかった！　アディのおかげで、ハンピが十倍好きになったよ」

はぁ、ようやっと、ほっとした。この辺も勝手だけど、自分としては、ほっとした。

なんかこう、会いたい切なさから解放されたんだ。

「ありがとう、さようなら」って言ったら、切なさが、思い出に変わった？

胸を痛めて体感して、はじめて、ちゃんとわかったよ。

＊

このときは、インドに来て、三週間は過ぎていた。ひとりだと、ほんとに出会いが多くって。まさに一期一会、ひとり旅の醍醐味だ〜。しみじみ、楽しいよ。

でも、しみじみ、しんどかったりもする。出会って別れて、出会って別れて。

ちょっと、別れが多すぎる。

だから、淋しさを和らげようと、「さよなら」のシーンを避けようとしてたけど。

けじめを、つけることは、思いやりなのかもしれない。

相手に対して。それから、自分に対しても。
けじめをつけないと、わからない。わからないと、ココロが戸惑う。戸惑うと、次の道を決められない。決められないから、しんどい。
ねぇ自分。旅が好きなら、旅を続けたいなら、「出会いとけじめ」は、大切にしてちょうだいよ。

*1 バックパッカーが、ある場所にとどまって、旅をいったん休むこと。

*2 カップルが町で手をつないでるシーンなんて見たことない。たま〜に、外国人カップルならそんなこともあるけど、あんまり歓迎されないみたい。

12

ゴカルナ

イタリア男と夜の海

二〇一〇年八月。わたしは、『世界一周旅ごはん』なる本を出版した。世界のごはんを、それっぽくカンタンに作るオリジナルのレシピと、旅コラムの本。「旅ごはん」は、学生時代からずっと続けてきた趣味で、「今すぐ旅立ちたい！」という切なさを補うために始めた。

大学一年の春、はじめてバックパッカースタイルでマレー半島を旅した。帰国すると、日本にいるのが切なくて、切なくて。いっそ旅なんかしなければよかった、と心底思った。でも、してしまったものは仕方ないし……。

そのとき、旅の気分を日常に取り入れればいいんだとひらめいた。手っ取り早いのはごはんだな。めんどくさがりの自分でも、気楽においしくできる、正しさを追求しない、世界のごはんっぽいものを作ろう。そう思ったのがはじまり。

ときには、家に友達を呼んで、旅ごはんパーティ。エキゾチックな料理を作ってふるまった。ドレスコードは民族衣装。結婚してからもずっと続けていた大好きな遊び。

それが、めでたく本になったんだ。その本には自分も登場していて、カメラマンの川しまゆうこさん（ソフトさん）に撮っていただいた。

ソフトさんとは仲良くなった。制作を終えると、すぐに二人で北海道へ旅をした。そのときは、カメラを構える側の目線で、彼女の創作活動にふれた。プロに撮られることと、プロと一緒に撮ることを一度に体感して、カメラの表現力の深さにしびれた。カメラっておもしろい！


その後すぐ、ひとりで台湾へ行った。たまたまカメラマンのタマゴと友達になり、あちこち一緒に出かけては撮り合った。ソフトさんは、世界観も技術もしっかりかたまっているプロだから、ほれ込んでも同じようにできるとは夢にも思わなかった。でも彼は、まだまだ試行錯誤の伸び盛り。努力と好奇心がわかりやすく伝わってきて、大いに刺激された。あ〜やっぱりカメラっておもしろい！

それからだ。わたしが写真を、表現方法のひとつと捉えるようになったのは。

じゅんくんのペンタックスK10Dは、ほぼわたしのものになった。いろんなところへ撮りにいったし、じゅんくんといるときも、カメラだけに夢中になった。

しばらくした冬の日、東京新国立美術館で開催されていた「ゴッホ展」にひとりで行った。本当はだいぶ前に、じゅんくんと一緒に行く約束をしていたけど。以前、オランダのゴッホ美術館で受けた衝撃を、是非じゅんくんと味わいたいと思ったから。

その後、カメラにはまって、さらに、ひとりの世界に入り込み始めると、あの感動は、人と一緒では浅くなると思った。それで抜け駆け。

案の定、強烈な感銘を受けた。息切れ寸前、あっという間の三時間。まもなく閉館時間という頃、後ろ髪引かれる思いで出口へと進む。その手前、最後の壁にあったのは、ゴッホの遺書。

「ぼくは、ぼく自身の作品に対して人生をかけ、そのためにぼくの理性は、半ば壊れてしまった……それもよい……」

動けなくなった。……自覚があったんだ。

自分はのめりこみすぎている。本を作りたい。書きたい、描きたい、撮りたい！　ココロに、スキマがなくなっているって。理性が、欠け始めているって。
わたしは、ゴッホだ（すいません）。遺書の前で、涙を流して、立ち尽くした。
気分はどん底まで落っこちた。

翌日、ブログを書いた。岡本太郎さんの『ドキドキしちゃう』（小学館・二〇一〇年）という作品の本文を引用して。それまで、引用記事は、ほぼ書かなかったんだけど。

『捨てると個性が出てくるんだ。
ところが自分を守るから
本当の意味で全体性が出てこないんだね。
捨てたらいいんですよ。

捨てない限りは生きないわけです』

書きながら、ココロに浮かびあがったフレーズは、『仕方ない』。

＊

三日後。じゅんくんとバーのカウンターで飲んでいた。

わたしは、嬉々として、将来の目標を語った。

「大物作家になるから！　それで、海辺にサロンみたいなアトリエ持つよ。カメラマンさんとか、編集さんとか、クリエイティブな友達が気楽に集まってくるところ。わたしがごはんつくって、カンパイして、すっきりするところ。で、またみんなそれぞれ、制作しに自分のとこに戻っていく秘密の充電ステーション！」

「そっか」

「うん。家にみんなが集まってくると、じゅんくん、居づらいもんね」

旅ごはんパーティには、結婚して数年間はじゅんくんもつきあってくれていた。でも、わたしが本を出版するようになってから、だんだんと変わった。今は、みんなが帰るまで、家を空ける。

だからきっと、賛成してくれると思ったし、夢を口にすることは実際とっても楽しい。わくわくわくーの満面笑顔。視線は、カウンター前の調理場の、先の先の先の方。

じゅんくんは、静かに聞いていた。わたしが、ひとしきり話し終えると、「そろそろ」と言った。

「ん？　そろそろ、何？」

「ともちゃんは、カンがいいから、わかるでしょ」

「え？」

「わかるでしょ」

「何？」

「……そろそろ……離婚しよっか」

「…………ほんとに言ってる？」

「…………まぁ、飲みなよ」

ハイボールを注文した。甘いお酒しか飲めないわたしが、自然に。

ダンナは続けた。

「自分から、離れることを目指してるでしょ。一緒に生きることを目指してないでしょ。夢が大きくなればなるほど、自分の姿はともちゃんの世界から消えていくでしょ」

目指すゴールが、違いすぎる。

生きてく道が、どこまで行っても平行線。

じゅんくんは、ゴールが違っても一緒に歩いて行く方法を、考えに考えぬいてくれていたという。

結局、答えは見つからなかったと。

……突然の離婚宣言に、驚いた。とっても驚いた。

なのに、ココロのどこかが据わる。妙に納得しているのを感じ、さらに、驚いた。

だって、つい先日、自分は理性をなくしかけているって、泣いたばかりなんだもの。

自然に、岡本太郎さんの言う、「捨」に共感して、公に知らせたばかりなんだもの。

じゅんくんの声をなんとなく耳に入れながら、彼のやさしさを振り返る。

＊

結婚生活七回目の秋。海外ひとり取材から帰ってくると、わたしの机の下に、脚用暖房が置いてあった。わたしは人一倍寒がりだからね。

晩秋の結婚記念日に出かけた先で、わたしは一点物の高価なコートに一目惚れ。チベットシープの赤いレザーがかっこよくて。チベットは結婚前に、わたしが好きなのは当時の彼ではなく、じゅんくんだと気づかせてくれた地でもあるから、よけいに想いがこもった。翌日、意を決してお店に行ったら、誰かに先を越されていた。本当に悔しくて、じゅんくんに何度もグチをこぼした。

そしてクリスマス。とっても悔しがっていたソレを、クローゼットから出してきてくれた。先に買ったのはじゅんくんだったんだ。会社を途中でぬけだしてね。

春。取材から帰ってくると、わたしが使う裁断機が導入されていた。

夏。取材から帰ってくると、わたし専用の本棚が設置されていた。

晩夏。取材から帰ってくると、二人で使っていたリビング兼仕事部屋を配置替え。ダンナのスペースがなくなり、描いたり切ったり貼ったり、なにかとスペースを必要とするわたしの動きに合わせた部屋になっていた。

全てが、こんな調子だった。

そして八回目の秋。わたしがカメラにどっぷりはまり始めた秋。わたしは、やりたいことと仕事とで、いっぱいいっぱいだった。平日も土日も、朝も夜も、同じ家にいながらダンナと向き合う時間を作ることはなかった。

結婚記念日も忘れた。当日ダンナに祝われるまでは。

それまでも、ずっとそんな風だったけど、状況は加速度的に進行していた。一緒の時間は、日曜の夜に外でごはんを食べるときだけ。夜が明けるまで書いて、ダンナが会社へ出勤する直前に目覚める。最低。でも。

きっと、わたしのやりたいことを優先して、許してくれる。

わたしが夢に向かってまっしぐらに燃え盛っていることを、喜んでくれる。

なぜか、そう信じ込んでいた。

＊

「……やだなぁ。わたし、変わるから。一緒にいよう」

「ともちゃんは、変わらないよ。今までも、ずっとそうだった。変わらない」

……だまるしかない。そう。わたしはこれまで、自分の『夢』にかかわる一切のことは貫いていた。

「ともちゃんの、思い通りにならないことも、あるんだよ」

名言だと、思った。

＊

ハンピから、夜行バスで十時間、ゴカルナという、海辺の町にやって来た。前に出会ったカップルに一番好きな町を聞いたら、すぐさま「ゴカルナ！」と答えてくれたから。「とにかくいい、行った方がいい！」、かわいい彼女が鼻息荒らげてたもん、説得力あるよね。

一体何がいいのか……聞いたはずの詳細は覚えていないんだけど、あの勢いだけで充分。この町へのワクワク期待度は、とっても高かった。

町に入ると、すぐによさは体感できた。

なんかいい。とりあえずいい。空気が好きだ。

海の町にありがちな、ゴアみたいなチャラチャラ感（笑）もない。なんでだろ？

ビーチ沿いの宿を探し始める。海の町における自分とのお約束だからね。いったん奥のビーチまでオートで行き、そこから波打ちぎわを町の方へと歩いてみた。けど、なんとまぁクローズしてる宿の多いこと。聞けば、この辺りは四月から酷暑期に入って雨も降るから、観光的にはオフシーズンだそう。だから、宿もお店も閉めがちなんだって（涙）。

ずっしり重いバックパックを背負い、丘を越えてビーチを渡り歩き、休み休み三時間。とうとう見つけた、すてきなロッジ。波打ち際を二十分も歩けば、町の入り口に到着できる便利な立地（そうそう、ここが東京だったら不便だと思う距離だけど。旅中は小一時間歩くのは普通、徒歩二十分なんて「かなり近い」と感じるからおもしろい）。

一日中いつだって、波のリズムで部屋いっぱい。風は、そわわわわ〜んと、吹き抜ける。ピンクの蚊帳が、ふわんふわんと舞い踊る。天井が高くって、ロフトがあって、ベランダだってある。広くて、清潔で、二〇〇ルピー（約四〇〇円）。

うわ〜お得、移住したくなっちゃうよ。

いごこちよすぎて、にまにましながらベッドにゴロン、ごろごろごろ……あれ？

悪いクセだ。

海は大好きだから来ないわけにいかないし、海の宿は絶対当たりじゃなくっちゃイヤなのに。宿が当たれば当たるほど、うすらむなしくなるっていうのは、一体どういうことなのさ。

はいはいはーい、わかってますっ。

わたしは、ひとりぼっちで海にいますっ。

お隣がカップルなのも知ってますっ。

……むなしい。あぁ、海ってつくづくキケンだよ。

そんなときはおさんぽに限る。どんなに気分がひしゃげてても、えいやっと宿を出ないといけませぬ。カメラを持って、すぐ出動！

むなしさなんてなかったことにしようと、波打ち際を歩き出す。ばしゃばしゃばしゃっと、勢いつけて。

……ダメでした。波の音を、聞けば聞くほど、複雑な気持ちになる。あぁ、やだやだ。ビーチの夕陽は格別だけど、ひとりで眺めることになるなんて。どうしよー、どうしよー、もう夕陽見るのはやめようかな。

はっ。そんなこと考えちゃうの、自分？　なんて卑屈なんだ、あぁやだやだっ！

でもやっぱり、どんどん見たくなくなってきてるし……。

なんかもう、泣きたい。こんなぐるぐる、みじめすぎる。

＊

わたしは、大学を卒業したとき、添乗員として秘境旅行の会社に入社した。出会いいっぱ

ピンクのレースの蚊帳がとってもいい雰囲気。

いのこの仕事は大好きだった。

でも、お客さんとしては、身構えてしまう、苦手なカテゴリーの人はいた。はっきり言ってしまうと、「独身女性」。念をおすけど、これは「添乗員としてのお客さま」という意味での話です。大好きな、尊敬する独身女性は山ほどいたし、今ももちろんたくさんいる。ただ、添乗中に目の敵にされることがたまにあって、そういう場合は一〇〇パーセント独身女性だったのは事実。だから、添乗のときだけは、ココロがある種のトラウマ的反応を示していた。

いや、わかる。わたしには、知識もなければ、リーダーシップもない。わたしの仕事の武器は、ノリと笑顔と、楽しんでいただきたい！という思いだったんだ。それは、ものすごい勢いで、彼女たちの美徳に反するらしかった。

頭で理解はできる。そりゃそうだ、添乗員だもの。かしこくあってくれ自分。「愛嬌」で乗り切るなんて、同じ女としてイタすぎる。

でも、ココロはまったく理解していなかった。

それで、恋人がいたわたしは、イヤなことがあると、「彼女には愛が足りてないんだな」なんて、超勝手かつ失礼極まりない思いを持って、自分を慰めその場をしのいでいた。

過去の自分に教えてあげたいね、未来のわたしは、ひとりぼっちです。

あなたの苦手な「独身女性」です。

愕然。

海ってつくづくキケン。

あの、波のリズムを聴いてると、体の隅々まで、波が浸入してくるんだもん。

ココロのイタイ部分を隠すフタ、そっくり持ち去っちゃうんだもん。

肝心のイタイ部分も持っていってよ……。


ふてくされて、ビーチを歩いた。夕陽、見たいような、見たくないような。

歩き続けると、町の入り口付近までやってきた。

おっと、人だかり。海に入って、はしゃぎまくってる。

一気にテンション急上昇！　カメラを胸の辺りにしっかり持って、歩くスピードをぐんと上げる。

インド人ファミリー全員集合でーす！　ちびっこから、父さん母さん、おじぃおばぁまで。

みーんな、服着たまんま海へ突入、まっしぐらでーす！

「ナマステー！」

手をふって、あっちこっちから、写真を撮る。

あぁ、カメラを好きになってよかった。コレさえあれば、いろんな気持ちそっちのけで夢中になれる。ありがたや〜。

最初はみんな「撮って撮って」と、ポーズを決めたけど、そのうち、わたしが被写体に。撮られ倒され、いじり倒され、めでたくしんみりモードは吹きとんだ。感謝！

＊

翌朝七時。カメラを持って、外へ出た。太陽は、昇ったばかりでまだ低い。空の色が淡い。光はやわく、まどろみぎみ。空気がとろ〜り、生ぬるい。あぁ、なんてやさしい世界。

殺人的な光になるのは、びっくりするほどあっという間。とっても貴重なこのひとときを、思う存分味わいたくて。

波打ち際を、バシャバシャ進む。水しぶきを、盛大に浴びながら。起きぬけのココロはまっ白で、むなしさなんて、どこにもない。いろんなものが、するーっと、なめらかに、体の中へと入り込む。

水面に反射する光も、キラキラ成分となって、足元から流れ込んでくる。

あ。向こうにおじぃと孫の三人組が、波打ち際で太陽と向き合いしゃがんでる。一日の始まりを、ぼんやり、しみじみ、味わっているんだな。なんか、崇高な三人だ。

小さな孫たちは、どんなこと思ってるんだろう。いや、具体的な思いって、ないのかもしれない。ぽかんとしながら、自然にわきあがる感情に出会って、そのままじゃぶじゃぶ溢れこぼして。でも、たま～に、偶然受けとめられたり。だんだん、偶然の容量が増えてって……。そうやって、大きくなるのかもね、すてき。

「崇高」、といぅ感覚は、こんな風にすごしてこそ、育つのだろぅなぁ。

おじぃたち三人を、遠目から写真におさめると、だんだんと近づいていく。

挨拶してみよっかな。でも、せっかくのひとときを、じゃましたくはないしな。

結果は、だまって通りすぎました。

なぜって、近寄って判明したことには、彼ら、おトイレ（大）中だったので！

あら～、ごめんなすって～。

……このくらい、「素」で大自然と一体化する経験こそが、「崇高」を育むのかもね。う、うんっ。

＊

ビーチから町に入って道を進むと、突き当たりの建物の辺りで、空気がすーっと、落ち着いた。何かがストンと、おへその辺りにおさまる。

そういえば、急に視線レス。インド人男性の得意技、「外国人女性じろじろ攻撃！」が、ふっと解除。

おや？と思い、しっかり辺りを確認すると、祈っている人がいる。周りにいる人も、なんかおとなしい。なるほど、この建物はお寺なんだ。門やら階段やら、わかりやすい仕切りがないから、ぱっと見気づかなかったけど。空気がお寺と教えてくれた。

あぁ、これが、肌で感じる「敬虔《けいけん》」か。

インドにいると、人や空気にもたらす神の影響を、部外者でも感じ取れる。

昔の人は、よく、こういう空気を特別だと認識したな。「敬虔」なんて言葉、よく生み出したな。ほんとスゴイ。

祈り終えたおじさんに聞くと、このお寺はシバ神の聖地らしい。人々はあちこちから巡礼にやってきていると。

ガタピシ感満載の神さまと、人生こなれた感だらけのおじいさん。インドの人は、自分がいて映える場所を知ってる気がする。

なるほど。ゴカルナのここちよさの秘密が、ちょっと理解できた気がした。オリエンタルな聖地の「敬虔」な空気が、はしゃぎ効果絶大、開放感満載のビーチに、節度をもたらしてるんだ。この町はバランスがいいなぁ。

ココロ清めて静まって、瞬間はしゃいでハイテンション。メリハリって、ほんと大事。町のサイズもちょうどいい。中心部を、人やらお店やらに油を売らずに歩くだけなら、三十分で足りるぷちサイズ。

インドって、一歩一歩の空間がとっても濃密だから、このくらいの規模で充分に楽しめる。それにこのくらいなら、自然に町の様子もだいたい把握できて、にわか住人気分も味わえる。満足感アップの素かも。

カメラを持って、にやにや歩いた。朝の町、だいすき。

掃除する人、祈りに行く人、湖で沐浴する人、お店の開店準備をする人。徘徊するおっちゃんや牛。閉まったお店の扉に、へんてこな絵が描かれてたり、既に開いてて妙に活気があったり。

インドに限らずだけど、起きたての町って、ほんとすき。

ひとしきり歩き回ると、青くて小さい、おもちゃみたいな食堂に入る。

壁に書かれたメニューに、「パオバジ」という文字があった。南からだんだんと北上してきて、食文化も少ーしずつ変わってきたけど、パオバジにはココではじめてお目にかかった。

ペースト状の野菜とスパイスを煮込んだあっさりカレーを、給食チックなスカスカパンに挟んで食べる。

ひとつの国を、地を伝って旅すると、文化がグラデーション風に変わっていくのを体感できる。だから、「旅」としては、飛行機より、鉄道やバスを使いたくなるんだ。

「空を飛ぶ」「眺める」「かっこいい」「空港」ということにポイントをおくと、飛行機もだーいすきなんだけどね。


また歩きだし、止まっては写真を撮った。

アイス屋さんの看板を夢中で撮っていると、すぐそこに人の気配。はっと顔を上げると、つるっぱげで黒いサングラスをかけた白人の男性が。

こんがり焼けた、海好きのマフィア風！

「お～、なんってキュートなスマイル～」

お～、なんってリズミカルで情感こもった英語～、マフィアのくせに。

「あははは～。なんってかわい～シャツ～」

わたしもつられて、同じリズムでしゃべる。彼は、ピストルを持ったファンキーパンダの、黒いタンクトップを着ていた。Ｔシャツの袖《そで》と、襟《えり》ぐりを切りとった、お手製のやつ。

「気に入った？　じゃ、あげる」

「え？」

「ちょっと貸して」

わたしのカメラを構えると、パシャッ。液晶に、今撮ったわたしを表示。

「このかわいい子は誰？」

「あははは。とまこフロム東京だよ～」

わたしはカメラを受け取って、彼のアップを撮った。

「このハンサム、誰？」

「おぉ～、エンゾーだ！　ニューヨークからやって来たシチリア人だよ～」

なるほど。この軽さ（失礼）は、噂に聞いたイタリア風味、アモーレ仕込み！　何気に、イタリアの人と話した記憶ってないんだよね、このインド旅以外でも。なんかうれしい。

エンゾーはシチリア島で生まれ育ち、学生時代からニューヨークに住んでいたそうな。今

はだいぶ旅をしてるみたいだけど。しばらく、なんだかんだと話すと、

「じゃ、またね！」

くるりと背中を向け、ぱっと消えた。


おぉ。話してるときは、すごーくやさしく、気が利いて、愛を感じる接し方だったから。このさっぱりしたサヨナラにはギャップを感じて、ちょっとびっくり。でも、これまたイメージ通りのイタリア流かも。一瞬一瞬、ベストを尽くして二十四時間未練なし、みたいなね（笑）。

もちろん、彼ひとりでイタリアを決めつけるつもりはないけど。今まで出会ったどの国の人とも勝手が違う。インドの人となんて、地球三周半分くらいの距離感がある。

＊

あっつい盛り、宿に戻って洗濯をした。もちろん、手洗い。ちなみに、大ッキライ。うーん、この辺もさみしいポイントなんだ。ダンナは旅中、よく洗濯してくれたからなぁ、わたしの分も。とくに水を絞るのって力がいるから、助かったなぁ。

ま、いいけどさ。どうせこんな灼熱の国だったら、びちょびちょのまま干しても一瞬で乾くでしょ。

やっとこ干し終わると、エンゾーを思い出して、バックパックからTシャツを引っ張り出す。日本から持ってきたけど、飽きて着ていなかったやつだ。すでに、首まわりと裾《すそ》は、ハサミで切っている。けど、腕を切り取るって発想はなかった。パンダシャツを真似て、腕をチョキチョキやってみた。

……にやり。おニューの服ゲット。

人間関係も、こんな感じだね。ひとりになって、不完全の半人前だと思った。

でも、Tシャツは、タンクトップになっても一人前だ。わたしも、不完全じゃないのかも。

おニューなわたしになっただけ。

今度は、ワッペンつけたり、絵を描いたり？

このスタイルにも終わりが来るのかもしれないし。きれいに洗って、丁寧に扱って、次なるおニューに備えようか。

いつの間にか、まどろんだ。

ダヒ・プーリーの、絶妙で複雑な味のハーモニーがたまらない。

＊

目覚めると、もう、真っ暗だった。おなかすいた。なんか、食べにいこ。

町に出ると、小さい灯りが、あっちと、こっちに、ぽつんぽつん。ちょっと新しめのお店だけが光ってる。停電だって。よくあることらしい。まだ七時半だけど、人はだいぶひいている。

自家発電かな？　灯りのあるお店に入った。

また、新しいメニューを見つけて食べた。その名も「ダヒ・プーリー」。丸い空洞の揚げパン（プーリー）の中にスパイスたっぷりの具材をいれ、ヨーグルト（ダヒ）をかける。

インドに来たとき、知らない食べ物を見つ

けたら、何時だろうと食べるって決めたんだ。「食こそ文化」と思うから。カレーばっかりのイメージのインドに、こんなにいろんなごはんがあるなんて興味がわくじゃない。

そして……今までは、ダンナが食べるものをちょっとつまめたから、自ら果敢にチャレンジしなくても、自然に新しい料理をいろいろ知ることができたんだ。

今は、ひとりだから。ごはんのチョイスも変えないとね。


辺りは真っ暗。店内も外も、すっかり人気《ひとけ》がひいた。

ひとりで歩くの、なんか怖い。日記でも書いて、町に電気が戻るの待ってみようかな。

ま、一晩中復旧しないことだってよくあるみたいだけど。

「お～、なんってキュートなスマイル～」

お～、さすが、エンゾーは、いつだって情熱的だなぁ。

というわけでアモーレの国の人、登場。あ、昼間とは違う赤シャツだ。

「きみのパンダはもう洗ってあるよ、今度あげるね」

お～、ほんとさすが。女性との約束は一番に果たすのですな。

彼の英語はとっても流暢《りゅうちょう》。そりゃそうか。ニューヨークに住んでたんだもんな。

正直、ぜんぜん聞き取れないけど、なんとな～く、わかったふりをしてみる。聞き返されるとつらいけど、なんとかごまかすのさー。

それでも、彼のストーリーのカケラはわかった。ニューヨークで事業を立ち上げ、ひと財産築いたこと。マンハッタンの高層マンションに住み、高級車を乗り回し、有名レストランでごはんを食べまくること数年。人生に疑問を感じるようになり、会社を畳んで、旅に出てきたとか。

今、出発から三年。インドにやってきてから二年、ゴカルナには、四ヶ月いるらしい。気に入ったところに根をはる、じっくり型の旅人なんだって。

あれ？　一体、いくつなんだろ。三十代半ばくらいに見えるけど、人生経験豊富そう。でも、エネルギッシュなドリームシティで生き抜いてきたら、そんなこともありえるか。

経験と見た目のギャップから、年齢に興味がわいたけど聞かなかった。歳とか、国籍とか、地位とか、男とか女とか、そういうものに、捕らわれない何かを追い求め、旅してるような気がしたから。

それから、彼とは宿が近いということもわかった。あのビーチをもっと奥に行った方だって。

正直、よく会うのかなと思うと、ちょっとめんどくさい。

さんざん、ひとりスタイルなのが淋しくて、むなしいと思っていたのに。

自分の中は矛盾がいっぱい。意味不明でもどかしい。

しばらく話していたけど、いっこうに電気は戻らない。仕方ないから、懐中電灯の明かりで一緒に帰ることにした。

途中で、エンゾー御用達《ごようたし》のおいしい水が湧いているお寺に寄って、水を汲もうって。海に迫る、山の中を歩いた。間もなく新月の頃で、ほんとに真っ暗。

虫の歌声と、さざ波のリズム、さわさわゆれる、木々の音。視界がない分、際立って聞こえる。

すぐ耳もとでは、独得なリズムの熱い英語。重低音ボイスが体の奥底に響き渡る。内容は、どうやら難しくて壮大。

対比がおもしろくて、にやにやしちゃう。

エンゾーは、よくしゃべった。彼は今、自分の旅と、社会への疑問と、見つけた答えをつづった物語を書いてるんだって。アメリカで出版すべく、毎日、宿で。

その内容について、語ってくれていた。申し訳ないけど、ほぼ聞き取れていない。

でもたぶん今の彼は、理解してもらいたい、というより、考えを口にしたいんだと思う。彼も、やっぱり、「ひとり」なんだな。

エンゾーは、たびたび言った。

「一番大切なことは、Sharing is caring なんだ」

「共有（感）とは、思いやり」そんな感じかなぁ。

あ、だからパンダのTシャツ、すぐにくれるって言ったのかなぁ？


お寺に到着。小さい灯りが、ところどころについていた。もう、電気は戻ったみたい。

建物の中には、五歳くらいの小さな男の子と、そのお父さんらしき人がいた。すごくしんみり、祈りは篤《あつ》い。

ガルーダ様が見守っている。

ガルーダ様……ふと、冷静になってじっくり見ると、ほんと笑えるお顔立ちで（失礼）。

でも、真剣に祈る親子に目がいくと、とたんに、崇高なお姿に見えてくる。

どこに焦点をあわせるかで、こんなに変わるなんて。そして、どれもが、ほんとだなんて。


見たい世界を、自分で選んで見ればいいんだ。

噂の湧水は、境内《けいだい》の脇にあった。手を清めてお辞儀をする。食堂でもらってきた空のペットボトルに水を汲んでゴクリ。

わ、なめらか〜。たいして期待もしていなかった分、感動は大きかった。日本に持ち帰りたいくらい、舌ざわりがいい。さすが、神さま水。

しばらくすると、地元のおじいちゃんが水を汲みに来た。

「Sharing is caring なんだよ」

エンゾーは、にっこり笑った。

＊

「ねぇ、泳ご」

宿の前まで送ってもらい、門を入ろうとしたとき、エンゾーは言った。

辺りは真っ暗。時間は間もなく二十三時。

「いいねぇ〜、明日？」

「ううん、今だよ」

「あはははは、ナイスアイディアー」

「でしょ。じゃ、着替えて。僕も戻って用意する」

「え!?　今って、ホンキ!?」

「そうだよ」

「ムリムリムリ！　怖いもん！」


ちょっとちょっと、何言うか、このマフィア！　夜の海は大好きだけど、ビーチで海を感じるのが好きなの、泳ぐなんて話が違う。ほんとに怖いよ、死にたくない！

でも、エンゾーの押しは強かった。そして、怖がるわたしをよそ目に、

「今から着替えて。僕も一度、部屋に戻るよ。十五分後、君をうばいにくる」

へへへへへ。うばいにくるって。弱いんだぁ。ロマンチックな言葉とか。正しい訳じゃないかもしれないけど、わたしにはそう聞こえたから。

泳いじゃいましょか、イタリアンな殿方と、星空水泳しちゃいましょか〜。


部屋に入って、ビキニを出す。赤いお花の刺繍が入った黒ビキニ。

ずっと前、じゅんくんとブラジルへ行ったときに買ったんだぁ。あれは、言ってみれば新婚旅行だったたな。すご〜く気に入ってたから、今回も持ってきたんだけど。

十五分後、トントントントン。扉を開けたら、さすが、イタリア男。目を見開いてくれた。

「最高だよ」

うれしいな〜、顔はゆるむし、背筋がのびる。うそでもなんでも、女は褒められてなんぼですな。傷ついてばっかりいられないぞー。

エンゾーは、持っていたパンダシャツをベランダのテーブルに置くと、わたしの手をとった。

さぁ、真夜中の海へ。と、いうところまでは、よかったけど……。

マジ、怖い！

ほんとにほんとの暗闇で、足元さえ見えない。

ザッパーンザッパーン……。

打ち寄せる波の音だけが、耳に飛び込んでくる、不気味すぎ！

普段夜のビーチに来るときは、いつだって頭の中が海中の世界でまんたんになるんだ。視界いっぱいに広がる水面の下に、まったく知らない生き物社会が繰り広げられているなんて。すぐ目の前にあるのに、ぜんぜん見えないファンタジーがあるなんて。いくらだって眺めていたいと思うのに。

それが、今は違う。

その、ファンタジーの中へ踏み込もうとしたとたん、なんなんだ、この怖さ！

ほんきのほんきで、ムリだと思った。でも、エンゾーは容赦ない。手をぐいぐい引っ張る。

「信じて。だいじょうぶ、だいじょうぶ」

信じられるかー！　エンゾーだってあぶないよ、やめたほうがいいよ！


「人生のいっときくらい、ストレンジャーに、任せてもいいんじゃない？」


……ギャーギャー言うのをやめた。そうかもしれない。

わたしなんて、夢ばっかり追いかけて、生きる能力ゼロで。

いわゆる「まっとう」な大人とはかけ離れていて。

それを、なんとか社会と結び付けていたのが、「結婚」という縛りだった。

こう見えて、ダンナいます。社会性抜群です。

そんなのを看板にしていた。

でも、とうとう、ソレもなくなっちゃった。

まっとうな社会性が、どこにも見当たらない。

わたしはきっと、ストレンジャー。

行くとこまで、行っちゃえば。

「ともちゃんの、思い通りにならないことも、あるんだよ」

じゅんくんの言葉が、耳に蘇る。
今まで、いろんなことを、自分の思い通りにしようとしてきた。
やりたいことしか、やらなかった。
自分の、望まない道を、選んでみれば？
人に、ゆだねるってことを、知ったら？
わたしは、つるっぱげのストレンジャー、エンゾーを信じることにした。

根拠はない。
信じようと決めたから、信じた。

世界が、変わった。
あんなに、恐ろしかった闇の世界が、やさしい、幻想的な世界に一変した。

星が、波間にゆれている。

波しぶきが、白く輝いている。

とりまく波が、この上なくなめらかで。


たくさん泳いだ。

たくさん浮かんだ。

肩を借りて、バクテンもした。

肩車で、海の中を走り回った。

夜の海が、わたしの一部になった。

＊

それから三日間。わたしは、エンゾーや、町中で友達になった人などそれぞれと、誘われるまま、別のビーチに行ったり、隣の村に行ったり、ごはんを食べたりした。

自分の行動を、人にゆだねてみたんだ。

そして、四日後の朝。ふと思い立って、ムンバイへと向かうバスに乗った。

町で出会ったフランス人に連れて行ってもらった、パラダイスビーチ。崖に囲まれた秘密基地のような場所に、ナチュラリストやヒッピーが暮らしていた。

13
ムンバイ
大都会のワナは盗みかMJか

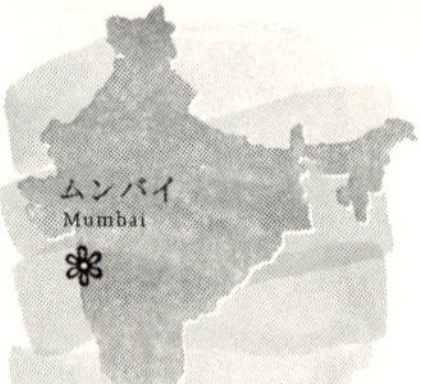

実は、ローカル夜行バスでゴカルナに着いてすぐ、iPodを落としてしまっていた。

寝てる間に盗《と》られた?

いや、そうじゃない。だって、到着して起こされたときには、耳につけていたんだ。スイッチを切って、どこかにしまったのはよく覚えているもの。

ないと気づいたのは、宿探しをしている途中。

すごくザンネンだった。決してマニアってわけではないけど、音楽は欠かせないから。

とくに、夕焼け、星空、朝焼けの感動を倍増させてくれる、久保田真琴さんの『Spirit of Healing India』を聴きながら、車窓を眺めるのは最高の癒しなんだ。

まぁでも、仕方ないな。いつかどこかで、いいタイミングがあったら買おうかな。

＊

そんなこんなで、ゴカルナを出発。初代サイババ（＊）の聖地・シルディへ行くべく、まずは、インドきっての大都市ムンバイを目指す。

バスを三回乗り継ぎ、進み続けること二十六時間。午前九時ごろムンバイに到着、バスを降りる。

ちょうど朝のラッシュに重なったのか、車いっぱい、人いっぱい。ビルもボロ屋もいっぱいいっぱい、覚悟した以上の混雑っぷり。

すっかり都会の免疫がなくなっていたわたしには、これはたいそう酷でして。逃げろーっ！

さっさとシルディ行きのバスを見つけなきゃ。

ところが、まったくもって、ココがドコだかわからない。シルディ行きのローカルバスは、この辺発だと聞いて降りたんだけど。バス停の気配、一切なし。

キョロキョロしながら荷物を背負いかけると、二十代半ばくらいの男性が声をかけてきた。

「どこへ行きますか？」

おぉ、丁寧な物腰。着ているシャツはピシッとしてるし、なんかインドっぽくないぞ。

「シルディに行きたくて。ローカルバスにはどこから乗れますか？」

「シルディですね！　僕も毎年必ず巡礼に行きますよ。この辺の人は、みーんな行きます。ほら、僕の守り神なんです」

首の辺りをもぞもぞ探り、シャツの中から、ペンダントを手繰り寄せる。親指の爪ほどのヘッドには、初代サイババが描かれていた。おっと、この人、話わかりそう。ラッキー。

「僕は旅行会社のスタッフなんです。バスのチケットならうちで買えますよ、オフィスへ行きませんか？　あ、名前は、ジョージといいます」

そうか、営業だったか。でもいいんだ、サイババを信仰してるのはホントでしょ。

それに「オトコ」より、「セールス」を前面に出した声がけは珍しいもの、むしろ清々しいや。きびきびしてるしね。

スーツは着ていないけど、きっと似合うよ。そんな想像ができるヒトなんて、今までいなかったもん。さすが、都会は違うなぁ。

聞くと、彼の旅行会社は駅前にあって、そこにシルディ行きのバスも迎えに来てくれるそうな。ただ、シルディ行きは夜行のみ。だから、夜まで荷物を会社に預けてムンバイの半日観光でもしたらいいかが、と。なるほど～、それはナイスアイディア。

ムンバイの街には、欧風で、威風堂々のアンティークな建物がいっぱい。

するとと、彼は、タクシーを停めた。

「もちろん、僕が払います」

サービスいいな。こういうのって、ちょっと怪しい気もするけど、ま、きっと大丈夫でしょ。この人ちゃんとしてるっぽいし、サイババの信者だもん、悪いことしないよ。それに、このよくわからない場所から、ともかく移動できるのはうれしい。なんらかの情報は、きっとゲットできると思うしね、行っちゃえ。

タクシーに乗りこみ、スムーズに駅前の旅行会社へ移動。

カウンターだけの狭いオフィスだけど、オーナーさんたちも礼儀正しいし、なんかきっちりしてる。さすが大都会ムンバイ、まるでインドじゃないみたい。

提示されたシルディ行きのローカルバスは、ちゃんとローカルらしい料金で、ほんとに二十一時発の一便しかないようだった。

さっそくチケットを買うと、荷物を屋根裏部屋に預け、丁寧にお礼を言って外へ出る。

するとジョージもついてきた。お見送り？　ほんとに都会の仕事人はしっかりしてる。

「いろいろありがと〜。あ、そうだ。トイレ貸してくれる？」

「オフィスにはトイレがないんだ。じゃ、きれいなトイレのあるお店、連れてってあげる。

そうだ、朝ごはん食べてないでしょ？　近くに、おしゃれなカフェがあるんだ。野菜サンドが最高においしいんだよ、行こう行こう」

あれ？　なんか、なれなれしくなってる。

でもそっか。ひと仕事終えたもんね。おつかれさま〜、助かったよ、ありがとう。

じゃ、さっそくそのカフェ、行こう行こう。


ムンバイの交通量はハンパない。信号があっても大混乱。地元の男子と一緒の方が、なんとなく心強い。実際、横断歩道を渡っているとき、車に当てられそうになったのを助けてもらったし。

近所の人に挨拶しながら歩いてるジョージの隣にいると、とたんにこの町の住人になった気分。なんかいいな。

歩くこと二十分。いっこうにおしゃれカフェに到着しない。たくさんたくさん、カフェを通り過ぎるから、そこでいいって言ってみる。でも、ジョージによると、どこもかしこもトイレがない。そんなものかなぁ？

なにより、オススメ店の野菜サンドは夢みたいにおいしいから食べないと損だって。

へぇ、そう。なら、別にそっちでもいいけどさ。

歩く歩く。まだ着かない。

えっと……遠すぎない？

でもまぁいいや、おさんぽは大好きだ。思いがけず、道を知ってる地元人の先導でムンバイを歩き回れるのはちょっとうれしい。インドで大人気のクリケット少年チームの試合も見られたしね。

それに、ジョージともだいぶうちとけてきた。気兼ねなく写真を撮らせてくれるのが楽しくて。

実は、わたしはすっかりご機嫌なんだ。

「朝食が済んだら、タクシーでムンバイを案内してあげるよ」

「え、ほんと？」

もともとはムンバイを観光する気はなかった。ただの都会でしょって思ってたから。

でも、ちょっと歩いてみると、都会と下町が入り交じる雰囲気がおもしろくて。もう少し町を体感したいなと思ってたとこだったんだよ〜。

自分だけだと、歩ける範囲しか行けないけど、タクシーでザザッとでも町の大枠を案内してもらえるとしたら、それはうれしい。その後に、ひとりで下町をぷらぷらした方がより深く味わえそう。なにより、地元の人の方がおもしろいスポットを知ってるはずだ。

時間もあんまりないし、ちゃっちゃと連れていってもらっちゃおっか。

頭の左上の方から、もうひとりの自分がしらけた目をして話かける。

「ほんとに大丈夫～？　知らないよ～」

旅中はいつだって、適度な警戒心は、体のどこぞに残しておきたい。

ちなみに、警戒＝拒否拒絶、というわけではない。わたしの場合、「警戒＝気をつけつつ受け入れる」、になることがほとんどだ。

でも、このパターン……どこかで聞いたことがあるような。「案内」をダシにお金のトラブルに巻き込まれる系かもしれないよ？　お……それはめんどくさいな、やめとくか。

でもでも、もし安ければ、行きたいなぁ。て、安い方がよけい怪しいか。

「お金ないからいいや、ありがとね」

「安くしてあげるよ、一〇〇〇ルピーでいいから！　いいトコぜーんぶ見せるよ」

「そか、やっぱり高いね！　わたしよりお金持ってる人いっぱいいるから、そっち行った方がお得だよ、ごめんね」

急に行く気がなくなったけど、ジョージは粘った。じわじわ値段を下げて迫ってくる。

八〇〇ルピー、七〇〇ルピー、六〇〇ルピー……やればできるじゃん。

でも、そこまでは払う気ないなぁ、下町写真さんぽに徹してもいいもの。怪しさとだって、天秤にかけてるんだから。

「わかった、二〇〇ルピーでいいよ」

「行く♪」


歩いて歩いて四十五分。やっとこ、ジョージおすすめの、おしゃれカフェに到着した。

おしゃれカフェは……片田舎にある昭和的パブの変形版。

ムンバイのおしゃれってこういう感じなのか、なるほど。

おすすめの野菜サンドは……ぱさぱさパンに、かすかすキュウリと、すかすかナンチャラが挟まって一〇〇ルピー。高っ！　(日本円にして二〇〇円だけど、露店のおいしいバナナドーナツは五ルピー＝約一〇円)。

ジョージは、さらに、なれなれしくなってきた。

テーブル席に、横並びでぴたっと座り、サンドイッチをあ――ん。

「って、するかボケ、お前は彼氏か！」

ココロで叫んで、ジョージの手を振り払う。ところが、ほんっとにヤツは粘り強い。振り払っても、振り払っても、あーんを、むりくり押し付ける。

街中におしゃれな落書きが氾濫してた。

「ボケッ、アホッ、バカッ！」

……と、ココロでなじっても、わたしは、場の雰囲気を大切にするジャパニーズ。最終的には押し付けられる（涙）。

あぁもう！　やっぱやだ。ガイドなんてしてもらったら、きっとべたべた攻撃が加速するに違いない。ある程度食べたらさっさとお店出よう。ガイドは断って、速攻さよならしよう。

店の外に出ると、すでにタクシーが、待ち構えていた。おっと、段取りいいな、さすが、できる男（いろんな意味で）は、やること早い。

とはいえ、断る。

でも、ジョージはうまい。

「タクシーはどうする？　せっかく来たのに、かわいそうでしょ」

それもそうだ、運ちゃんに罪はない。わたしだって、ここがどこだか、さっぱりわかってないんだ。

結局、ジョージガイドによる観光はスタートした。

そう、わたしはつくづくいい客だ。あ、こういうのを「カモ」という。……インドに限らず、いろんな国、いや、日本でもよく思うんだけど。まぁ、いいでしょ。最終的には楽しんじゃうし。

果たしてわたしは、すっかり満喫♪

ガンジーハウスに、お祭の会食中のお寺に、メルヘンな巨大遊具が並ぶへんてこな公園に、沐浴の川に……。徒歩じゃ決して見て回れないあっちこっちを、せっせと案内してもらう。

なにより、カメラでのんびり撮りまくってても、ちゃんと待っててくれるのがうれしい。

タクシーの運ちゃんが、「路駐なんだから早く」、とイライラしだすくらい。

それに、タクシーで町を縦横無尽に走り回ってるときの車窓が、楽しくて楽しくて。なんて有効な二〇〇ルピー、頼んでよかった、ジョージありがとう！

「他にどこか行きたいところない？　買いたいものは？」

「あ！　わたし、iPodほしい！」

「そっか、じゃ、あそこだな……正規品が安い市場があるよ、行こう」

「わぁうれしい、ありがとう！」

タクシーは、市場周辺エリアに入った。車事情は、ごっちゃごちゃのぐっちゃぐちゃ。縦に並んで走る気とか、ゼロでしょう。いやいや、言い過ぎ、マイナス五〇でしょう。広い道で、押しくらまんじゅう車販、絶賛不毛！

一気に、ドライバーさんの顔がくもる。イライライライライラ……。

お寺に寄ったら食事中だった。女性ばかり。外の日差しは殺人的に強烈なのに、中の光と空気は柔らかく華やいでいた。

なんとか市場の近くまで行ってもらい、ジョージとわたしは車から降りる。

市場に入ると、電気屋さんがわんさか並んでいた。一店一店は四畳くらいの小部屋になっていて、商品も山積みでとっても狭い。ごちゃごちゃすぎて、わけわからん！　でも、ジョージがいるから大丈夫。iPodを扱っている電気屋さんへスムーズに行けるなんて、ありがたや～。

で、iPod nanoを八〇〇〇円でサクッと購入。わたしはドルを持っていなかったから、日本円でお願いしたんだ。日本で買えば確か五〇〇〇〇円くらい。インドは高いんだって、仕方ない。こちらでの言い値は一万円で、交渉して安くしてもらった。日本って、性能のいいものが安く手に入るから、ほんとすごい。

そして、次なるお願い。わたしは、パソコンを持ってきていないから、音楽を入れられないんだ。なんでもいいから音楽ちょうだい。

ジョージは、そんなことをしてくれる気の利くお店も知っていた。市場内の少し離れたところにある音楽屋さんのおっちゃんに、買ったばかりのiPodを手渡す。こんなこと、詳しい人じゃないと絶対にわからない、ほんとありがたや～。

おっちゃんはすぐに操作をする……も、うまくいかない。ジョージの提案で、さっきの電気屋さんに戻ってお茶を飲みながら待つことに。

あ〜うれしい！　ムンバイまでのバスの中、音楽がなくてけっこう淋しかったんだ。さっそく今夜のバスから音楽復活。自分チョイスじゃない、知らない曲がいっぱいなのも楽しみ。iPodを買ったお店で、うきうきしながらお茶をいただいた。

突然、ドライバーさんがすごい剣幕で登場、プンスカスカ！

ジョージがヒンディー語でなだめる。眉毛を下げて、申し訳なさそう。

そして困ったちゃん顔のまま、わたしのところに来た。ポリスに、路駐で二〇〇ドルの罰金をとられたそうな。

そっか、ゴメン！　大混雑だったもんね。

「僕が、お金を渡しといたよ、もういいんだ」

ジョージって、なんていい人！

後で払おう、うん、仕方ない。落とし物の多いわたしへの、神さまからの戒めなんだよ二〇〇ドルは。円で換算してもらおう。

前は、だんなが気にかけてくれてた。物をなくしたら、代替えを手に入れてくれたし、ココロのケアまでしてくれてた。さぁ、気持ちを入れ替えなさい、ってね。今は、ひとりなんだから。

仕方ない、仕方ない、インド版iPod nanoは、しめて約二八〇ドルなーりー……。

でも、ふと思った。なんで、インドの罰金がドル建てなんだ？

ていうか、たかが路駐でしょ、日本より高いじゃん。ほんとに二〇〇ドル払ったの？

「タクシー帰っちゃったよ。これで観光は終わりだね。僕は、ママから電話あったからもう帰るね。君は、その辺のタクシーで帰るといいよ、たくさん停まってるから」

ジョージ、意気消沈。なんかかわいそうになっちゃうな。やっぱり、二〇〇ドル払ったのかな？

でも、ここでママが出てくるのがまた怪しい。ママって……ぷぷぷ。

やっぱ、払わないことにするー。

「わかった、ありがと。これ、約束の二〇〇ルピー」

「二〇〇ドルは？」

「さっき、もういいって言ったじゃない」

「お前のせいで二〇〇ドルかかったんだぞ、払え！」

こ、怖〜っ！　そんな急に、わめき立てないで。眉つりあがってるじゃん。ホントにわたしのせいに思えてくるよ……ごめんなさい！

と、そのとき、左上から、もうひとりの自分が、口を挟んだ。

「ほらね、やっぱり、罠《わな》だったんだよ～。こいつ、うそつきうそつき。きっとドライバーと口裏合わせてるんだよ」

ふっと、冷静になった。

「ほんとに払ったの、二〇〇ドルも？　現金持ってたの？　なんでルピーじゃないの？」

「……二、二〇〇〇ルピー払ったよ！」

ジョージって、ほんとにいい人なんだと思う！　こんな簡単にうそがばれるなんて。

しかも、ちょっと計算ミスったね。二〇〇〇ルピーって、四〇〇〇円くらい。二〇〇ドルとは大違い～、説得力に欠けまっせ。

「へへへ、罰金ってうそでしょ、払わないよ。どうでもいいけど、わたしのiPodは？」

「知るか！　四〇〇〇ルピー払わないと、警察呼ぶぞ」

あはは、またお値段変わった～。それ八〇〇〇円だね、欲出ちゃったね。

それにしてもおもしろい逆切れだこと。警察呼んだら、捕まっちゃうよ。

「どうぞどうぞ、払わないから。じゃ、わたし、自分でiPodもらって帰るね。ママによろしく～」

ジョージは、ぷんすか顔のまま、スッと人ごみに消えて行った。

いい経験しちゃった。観光はできたし、iPodは買えたし、うそつきネタまでもらっちゃった。なかなか有意義なムンバイ滞在だこと。さてと、iPod受け取りにいこ。

「ナマステ〜、わたしのiPod、できました？」

「あれ？　さっき、電気屋に届けたけど？」

「ありがとう、じゃ、あっち行ってみます」

市場の中をとことこ歩いていると、後ろから音楽屋のおっちゃんが、すごい勢いで走ってきた！　あっという間に、わたしを追い抜かし、電気屋さんに突進！

「＊@&5%$?!（ヒンディー語）」

「¥：＊＞##@！（ヒンディー語）」

なにやら大声で質疑応答、すぐまた、その先へと、叫びながら走る。

「$$&%＊＊＊〜〜〜！！！（たぶん、「そいつを捕まえろ——!!」）
人ごみの中に、さらなる人だかりができた。わたしもそこまで駆けて行くと、大男三人に取り押さえられた半べそのジョージが。大男たちは、彼の服のあらゆるポッケをまさぐっている。そして、ムスリム帽のいかついおっちゃんが、ジョージのパンツの、右ももポッケに手を突っ込んだ。
「うっ……」

ジョージの顔が、固まった。おっちゃんの手には、新品のピンクのiPod、わたしのだ。

ジョージが、悔しさと怒りと哀愁とあきらめが混じったような、複雑な目でわたしを見た。

「四〇〇〇ルピー払わないからだ！」

「このiPodはわたしのだよ」

「四〇〇〇ルピー出せ！　バス、キャンセルしてやる！　お前はシルディに行けないんだ！」

「うっ……」

今度はわたしが、固まった。

「だめっ、やめてっ、キャンセルしないで！」

すると、人だかりにいた白ヒゲに赤メッシュをいれた（髪やひげをヘナで赤く染めてるヒトは多い）、怪しいスパイスの香りプンプンのおじいちゃんがわたしにiPodを手渡し、「早く行け」と手で合図した。

わたしはiPodを握り締め、走って市場の外へ出る。

やだやだやだやだ！　シルディに行けなくなるなんて、絶対やだ！　シルディのためにここに来たんだ！　ジョージのいるこの町にいるのもやだ！（今思えば、もしキャンセルされても買い直せばいいだけだ・笑）

そういえば荷物は？　ジョージとあの旅行会社がグルだったらやばい。盗らないで！　こんなことで、足止めされたくない！

すぐさま、タクシーに飛び乗った。

……と、言いたいところだけど、この期に及んでタクシーを物色しつつ歩き回る。サイババでデコられてるタクシーに乗りたいな〜♪

めでたくサイババタクシーを見つけ、運ちゃんをせかして駅前の旅行会社へ戻る。

「ナマステッッ」

勢いよくオーナーさんたちの前を通過し、超特急で屋根裏部屋によじ登る。

荷物はあった。ほっ。会社とジョージは、グルではないな。

屋根裏から降りると、あっけにとられていたオーナーさんにざっくりと説明。

ジョージが来ても絶対に荷物を渡さないでね、バスもキャンセルさせないでね、とお願いした。オーナーさんは僕たちが守るから安心して、とココロを込めて言ってくれた。ほっっ。

……それにしても。自分のところの社員のことなのに、謝罪の言葉とか、そんなものは一切ない。会社から一歩外に出たら、管轄外なんだね、そりゃそうか。

個人主義が徹底しているのかな。このくらいの悪さは日常茶飯事すぎて、とりたてて騒ぎ立てることでもないのかな。

ともあれ、ほんとによかった。じゃ、カメラさんぽに出かけますか。

そうそう、確認したところ、iPodに音楽が入っていなかったんだ。ついでに入れてもらわなきゃ。

写真を撮りつつ、

「これに音楽いれてくれるお店知りませんか？」

と聞きつつ、町中歩いた。

ジョージのおかげで、町の構造がなんとなくつかめてて歩きやすいよ。

そうして、とうとう音楽をゲットしたのは三時間後。英語の曲を二百曲、やったー！

iPodを受け取り時計を見ると、もう、二十時を回っている。あわてて旅行会社へ戻った。

みなさんのおかげで、バスの席も荷物も無事。ありがとう！

間もなく、シルディ行きのバスがやって来た。お礼とお別れを言って、バスに乗り込みシートのリクライニングを倒す。

ほっ。

急に満足感でいっぱいに。ジョージは悪ガキだったけど、いっぱいお世話になったね。

市場中の人々も、旅行会社のスタッフさんも、善意がいっぱいでホクッとしたな。

サイババデコレーションのタクシーに乗れば、いいことが起こりそうで。

よくインドがこわいって言われるけど、すごく一面的な見方だよね～。そうそう、iPodが手に入ったのは大収穫だったし。ほんと、いろいろわかってよかった、来てよかった。

バイバイムンバイ、ありがとムンバイ！

バスが走り出した。車窓に流れる夜景をぼんやりと眺めながら、iPodをスイッチオン。どんな曲が入ってるのかな～、わくわく。

あ、マイケルジャクソンだ……しばらくして……まだマイケルジャクソンだ…………しばらくして……まだマイケルジャクソンだ……しばらくして……まだマイケルジャクソンだ……エンドレス。

マイケルは神だ。あんなスーパースターは他にいない。世界のみんなが言っている。

でも、マイケル二百曲はやりすぎでしょう……。

＊サイババと言っても、日本で有名なもじゃもじゃ頭のサティヤ・サイババ（1926-2011）ではない。彼は、シルディ出身、初代サイババ（?-1918）の生まれ変わりだそうな。

14
シルディ
いつだって、再スタートできるんだ

わたしの言語は、ハートだ。けっこう、本気の発言ね。

「言霊《ことだま》」という考えが大好きだし、言葉の力を尊敬している。だからこそ、書きたいと思う。

でも、リアルな会話となると、だいぶ違うんだ。

口に出す言葉よりも、ココロの中にある思い、思いがにじみ出る表情、自分がまとう雰囲気など、内から湧き出るものの持つ伝達力を信じている。

あせらなくていい、思いは届く。本質は、いつかは伝わるって。

実際わたしは、正確な情報をあまり届けられない、でたらめ英語しか話せない。でも、多くの現地の人たちと、触れ合って、遊び、会話が成立している。

「思い」って、ハート　トゥ　ハートなんだなぁ。

取材で台湾に行ったときのこと。数日間だけ、編集さんも同行してくれた。彼女は、わたしが現地の人と英語らしき言葉で話しているシーンを見て、あらら顔。

「英語できないって言ってたけど、まさかここまでとは……。なのにきちんと会話が成立してる！　なんで？」

そして、三日間一緒に過ごした後、彼女はうなずきながら言った。

「とまちゃんは、八割方、表情で話してるね」

なるほど〜、「表情」か。小さい頃から、よく、わかりやすいと言われていたけど、そういうことだったんだな。表情は、国境を越えるんだね、ベンリベンリ。わたしは旅向きに育ったんだな。

それからは、「表情」という会話ツールを、意識して使うようにもしている。このインドの旅でもそうだ。

それから、「人間関係は鏡」という思いが、「表情」を使う会話にも拍車をかけるんだ。

自分が抱いている思いは、目の前の人が抱いている思いと同じ。

ハッピーになりたいなら、相手にハッピーな笑顔で接しよう。相手がハッピーになったら、自分もハッピーにしてもらえるから。

マイナスな思いもそう。やな思いがするときは、自分も相手に同じ思いをさせているとき。ならば自分を直せばいい。相手のせいにしても、その人は変わらない。自分が変われば、相手も変わる。

ま、理想論かもしれないけど、意識してる。

こういう考えは前々から好きだった。でも、離婚して、さらに強く納得したことなんだ。

＊

……白状すると、わたしは、離婚を告げられる四ヶ月前、カメラにのめりこんだとき、自分の世界観は、じゅんくんと離れたところにあると認識した。それで、時間をあわせる努力をやめたんだ。

ただ、それぞれが、それぞれのやりたいことにのめり込めば、円満だと思っていた。今思えば、言い訳の余地なく自分勝手だし、傲慢《ごうまん》だ。

そのときは、まさか、じゅんくんが同じように、今やりたいこと——子供を作って、温かい家庭を築くこと——が、できないと確信したとは、思ってもみなかった。たぶん、時期も同じ。

だって、その直前まで、マンションを買うべく、週末にはよく物件見学に行ってたもの。

それを、やめようって言ったのは、わたしだけど。

細かな事柄は違っても、大枠はまったく一緒。お互いの腹の内は、鏡に映し出したかのように同じ。「やりたいことを、一緒に果たすのは無理だろう」。

＊

ムンバイからバスで七時間、内陸へと走ったシルディは、「表情会話」がびっくりするくらい使われている町だった。むしろ、公用語なんじゃないかしらん。さすが、初代サイババの聖地だけあるな。

お店のおっちゃん、道端のかあさんとちびっこ、巡礼用におめかししたねえさんズ……。ただすれ違うだけなのに、やわらか〜いハートを、積極的に、表情を通して投げかけてくれる。この町のヒトたちは、きっと今、本当に、幸福なんだろうなぁ！

ニコニコ電波、浴びまくり。うつってうつって、にやけ顔。

歩いてるだけで、しあわせバロメーターがぐんぐん上がって、ふりきれそうだ。

なんなんだ、町全体を埋め尽くす、この、しあわせな一体感は。

もとはといえば、シルディを訪れたのは、サイババグッズで溢れ返っている、と聞いたのがきっかけだった。しかも、外国人はほぼいないと。てことは、それらグッズなりなんなりは、直球でインド人に向けたものでしょ。どローカルなデザインほど、おもしろいものってないからね。へんてこなサイババグッズを見に行こう。そんな不純な動機だった。

やってきてみると、本当に町中、とくにサイババの眠るお寺周辺には、ゆかいなデザインのグッズがゴマンと溢れていた。期待以上！　くすくす笑いが止まらない〜、してやったり。

でも、なによりココロ奪われたのは、「表情会話」なんて純粋なことだった。来てみないと、わからないなぁ。肌センサーが感知したことこそほんものだし、おもしろい。

ところで、このときは四月。インドの四〜五月は酷暑期と呼ばれ、殺人的な暑さを発揮する季節だ。そのうえ、ここは内陸部。海沿いのムンバイより、ぐんと暑さが増している気がする。

たぶん昼間の気温は、五十度近くあるんじゃないかな？　ほーんと、ハンパないよ！

にもかかわらず、お寺の境内まで行くと、長い長〜い行列が。サイババに祈りを捧げるべく、人々が順番待ちをしているんだ。みんなみんな、激暑の中、とびっきりうれしそうな顔しちゃって。あぁ、サイババ様への思いこそ、ハンパない。

で、わたしは。所詮、グッズが動機でやってきたふとどき者。行列を目にすると、さっさと宿へ引き返してお昼寝タイムに突入した。

暑さが一段落した夜。参道の露店でお供え用に豪華な花束を買って、お堂へ向かう。

おぉ、相変わらずすごい行列だこと。でも、今度はだまって列に加わり、四十分ほど並んだ。

そしていよいよ、お堂に入る番が訪れた。

はだしになって、帽子をとり、そろりそろりと入り口の扉をくぐる。

……目が、丸くなった。

瞬きを、忘れた。

息も、忘れた。

一心に、一心に、祭壇に向かって祈る人だかり。

祈りの熱気が、空間を、隅の隅まで埋め尽くす！

なんて、なんて迫力だ……。

参道にはアーケードが。赤い飾りがひらひら揺れて幻想的。

すっかり、ココロの全部が、空間に吸い取られる。

ぶわ――っと、あっつい何かがおへその辺りからこみ上げる。

苦しい。ひとりひとりの表情が神々しすぎて、まぶしい。まぶしすぎて、苦しい。

ギュッと、胸の辺りを両手で押さえた。どきどきぶるぶる、どきどきどき。

わたしは、この聖者についてなんにも知らない。なのに、人々の祈る思いそのものが、わたしのココロを焼き尽くす。

透明の炎となって、わたしの黒いココロを、ココロに息づく黒くて重いカーテンを、どんどこどんどこ焼き払う。


お堂に溢れ返った人々の思いは、一ミリも、きっとぶれていない。

みんなみんな、サイババが、まぶしくって仕方ない。

いかにも、悪そうなにいちゃんも、やんちゃなガキンチョも。お疲れ気味のかあさんも、働く気なんて満々でなし的な（失礼！）おっちゃんも。ぜんぜん違うみんなが、サイババを崇めることに喜びを感じ、共有してる。ココロの奥でつながってる。

きっと、大部分が初対面だし、一生話すこともない人々だろう。

なのに、この空気の一体感はなんなんだ。強力な絆《きずな》が見えるのはなんなんだ。

大きな安堵に包まれてる……。

祈るって、いいなぁ。

敬うって、いいなぁ。

放っておくと、勝手にどこかの方向に伸びていく天狗《てんぐ》の鼻。

わたしが、誰しもが、きっと持ってるピノキオ要素。

そんなプライドは、ポキンポキン。

誰かを心底尊敬することで、自分の未熟を自然に認め、いい塩梅《あんばい》に折ることができるんだ。

フラットなところから、

いつだって、再スタートできるんだ。

祈るのは、たぶんきっと、すがるためじゃない。

ココロを、整えているんだな。

それぞれこの聖地を離れ、時が流れると、新たな鼻の芽がむくむく育ってくるんでしょ？　いいよね、普通のことだ。

そしたら、また、祈ればいいんだもの。

認めて、受け入れて、ポキンと折って、整える。そして、感謝する……充分。いつでもリセットできるスイッチを持っているって、とってもすてきなことだと思う。うらやましい。ここにいる人たちは、本当にしあわせだな。

町全体を覆う一体感は、これだったんだなぁ。


見世物じゃない、現地人のための、ガチな聖地が秘めるパワーって、計り知れないな。

明日はナーシクに行こう。あそこも聖地だって、ロンプラ先生が言ってたもの。前にチラリと読んで頭に残ってたのは、きっと呼ばれてる証だな。

ほんとは、有名な世界遺産エローラに行くべく、バスをさんざん調べ回っていたんだけどね。ナーシクだと、引き返すことになるんだけどね。

今は、わかり始めた生きた聖地のパワーに、もっともっと触れたいんだ。

体に取り込んで、嚙み砕いて、消化して……新たな何かに、出会ってみたいんだ。

どきどきしながら、眠りについた。

15
ナーシク
それでも、旅が好きだから

シルディからバスで六時間。ムンバイ方面へ戻ったところにあるナーシクは、聖なる川ゴーダーヴァリーの畔《ほとり》の町。インド人にとっては、ガンジス川のバラナシに並ぶ聖地だとか。
正直、わたしはバラナシがあんまり得意ではない。町を覆うオーラに、ちょっと〝陰〟を感じて圧迫されるんだ。
よく言われるように、インスピレーションは大きいし、考えさせられることも多くて刺激的だよ。でも、得意かどうかは別の話で。
あえて苦手なバラナシと並ぶ聖地に戻ったのは、ここがまだ観光地化されていない、インド人のための純粋な巡礼地だから。そういう町の威力と魅力には、シルディで体感して、すっかりトリコなんだ。

バス停に到着。まずは宿を決めないと。ロンプラ先生が教えてくれた、最安の宿へ行ってみようか。

着いてみると、そこは町のまさに中心部、とってもキレイな建物。

あれ？　間違えたかな……でも、せっかく来たしな。ダメモトで、値段を聞いてみると、二七五ルピー（約五五〇円）。この様子でこの値段とは、ホントに安い、ラッキー。

見せてもらったのは、最上階の四階角部屋。大きな窓がいっぱいで、通りに面して広いベランダもついている。

わたしにとって、宿の一番大事なポイントは、なんてったって見晴らしなんだ。

喜びいさんでベランダへ出ると、町の繁華街が一望。建物も、バスも、オートも、ヒトも、牛も、みんなみんなミニチュアみたい。楽しい！

シャワールームも明るくて広く、スタッフさんは礼儀あってのフレンドリー。

なんだここ、コストパフォーマンスよすぎでしょ。決めっ。

こんな宿に出会えると、町自体にも一気に親しみがわいてくるんだよね。

チェックインを済ませ、さっそく部屋でゴロン。まだまだあっつい時間だし、避難してよ。

あ〜、この部屋好きだな〜、世界の好きな安宿ランキング上位入賞だな〜。

でも、テンションあがっちゃってて。すでに、この町が好きっぽくて。ほんと理屈じゃない、なんにも知らなくても、なんか好きなんだ。あ〜、ムズムズが止まらない！

すっくと起き上がると、日焼け止めを塗りたくり、カメラを抱えて外へ出る。

さあさあ、ファーストさんぽへレッツゴー。

シルディでの経験から、ココロも体も「表情会話」がとっても有効なのはわかってるんだ。うきうき気分を、いつも以上に絶賛大放出しながら、歩き出す。


あっちこっち寄り道しつつ、さ迷いながら川のガート（沐浴場）までやってきた。

ちびっ子からご老人まで、びっくりするほどいっぱいいっぱい、溢れんばかり。猛暑の時間なのにね。

みんなみんな、年齢関係なく、川に入って楽しそう。泳いだり、タイヤに乗ったり、宙返りしたり、橋から飛び込んだり。はじけまくりのおおはしゃぎ！　体や衣類を洗ってるひとたちだって、いい表情。

なにコレ、躍動感が空気感染。見てるわたしのココロまで、ぴょんぴょん弾んで仕方ない。

みんなみんなが、それぞれのハッピー気分を共有し合ってるみたい！

もちろん、祈ってる人だっている。篤くね、まっすぐね。いろんな人がいるけど、全体的

ラッシー屋にて。お店の人はわたしの一眼レフカメラに興味津々。撮ってくれた。

に、シリアスオーラがないのがすごくいい。どこか、軽やかなんだ。縛られていないんだ。

尊敬と笑いが、同居してる感じが、ここちよくって。

そんな場に、大きな一眼レフカメラを首からかけた、にやにや顔の外国人が登場したのはちょっとセンセーショナルだったみたい。

まずは、おちびが寄ってくる、続いて大人がやってくる、囲まれる。みんなで笑う、写真を撮る、もっと笑う。撮ったデータを見せる、もっともっと喜ぶ、わたしも、さらにさらに、楽しくなる。

お互いの笑顔が、お互いの笑顔に拍車をかける。笑顔すぎて口が裂けそう！

まさにプラスのスパイラル、なんって素直なわたしたち。

そういえば、わたしたちは、言葉を交わしていない。詳しいことは伝わらない。

だけどココロは、十二分に通じ合えている。好き、楽しい、しあわせ。

よりココロに寄り添った、肝心な部分はしっかり分かち合っているんだ。

しばらくの間、いろんなみんなとジャレまくると、ひとり橋にあがってガートを見下ろす。

この町の人たち、ほんきほんきの陽気族だな。陽気王国メキシコの人たちにも並ぶな。

何度も何度も、川に飛び込んでは上がって、また飛び込む。曲芸付き。

とにかく明るい、積極的に明るい。しあわせであることに、積極的なんだね。
なんか、すごーく潔い、生きる姿が潔い！　潔すぎて、まぶしいよ、こんなまぶしさ、新しい。
感激いっぱい、ココロがパンパン、はちきれ寸前、秒読みだー。

……今、わたし、生きてる。
ドバ――ッ。

またか、突然の涙攻め。でも、コレまでとは違う、ぜんぜん違う！
コレまで、どれだけ泣いただろう。とくに夜行バスに乗ると、夕陽や星空、朝日にココロ洗われ、悲しいのか、淋しいのか、よくわからないまま、認めることすら、できないまま。

泣いて泣いて、泣いたんだ。

インドの旅を、楽しんでいると信じていたし、ほんとにそうだったけど、泣いていたんだ。

でも、この涙は、完全に違う。

しあわせすぎて、止まらない。

あぁ、今が、絶頂かもしれない。

ナーシクに来てよかった……。おかげでわたしは、しあわせを、今このときを、噛みしめている。過去でもない、未来でもない、今、この瞬間を、堪能し尽くしている。

いや、過去もいい、未来もいい。過去が輝かしかったら、未来がすばらしかったら、もちろんしあわせ、いいことだ。

何より今、さらに満ちることができれば、過去をもっと、意義深く感じられるだろう。未来にもっと、わくわくできるだろう。


今、しあわせになることに、迷わず、精一杯つくしたい。

「人生上々♪」

バカみたい。

でも、仕方ない。ポロッと口から出ちゃったんだから。

＊

最高にしあわせな朝がやって来た。ココロが軽い。ふわんふわん、無条件で浮かんでる。ベランダに出て歯を磨く。道を挟んで向かいの家のヒトもベランダで磨いていた。目が合って、お互いプハッ。歯ブラシを口にくわえたまま、大きな笑顔で、両腕をぶるんぶるん振ってみる。

「人生上々、絶頂だ～♪」

またもポロッと口から自然発生。にまにまにまにま、わたしったらアメリみたい。こんなにひとり上手だなんて。

「え？」

確かに、自問してしまった。大きな声で。

わたし、絶頂を、味わってる。ひとりで！


たぶん、ほんとに、今が最強に好き、ひとりなのに！

ねぇわたし、ひとりでこんなの味わって、分かち合うヒトもいなくて、淋しいって感じてよ。

ドバ――――ッ。

またまた、涙攻め。今度は、紛れもなく、むなしくて、むなしくて、むなしいから。

ひとりが淋しいんじゃない。

ひとりが楽しいんじゃない。

今、しあわせを噛みしめているこのとき、ひとりだという事実。それはいい、仕方ない。

イヤなのは、少しは、「淋しい」と思う余地がほしかった、ていうこと！


目覚めると、ベッドの中に、ひとりだった。ダンナと別居を始めた翌朝のこと。

それから毎朝、寝起きの無防備なココロに、隣に誰もいないという現実がするどく突き刺さった。ひどく痛かった。

それから二ヶ月半。今、わたしは、すっかり、ひとりの朝になれてしまっている。ご機嫌に起き上がって、ぐんと伸びあがり、にこにこ顔で自分に「おはよ〜」。

もう、朝、隣に誰かがいたら、めんどくさい気がしてならない。

淋しさを忘れるのはいい。時の力は偉大だなぁ。場の力は偉大だなぁ。感謝しています。

でも、淋しさを忘れてしまったことに気づいたら、涙が出たんだよ。

ひとりを楽しむのはいい。

でも、絶頂だなんて、言わないで。そんな淋しいこと、言わないで。

ココロの中心に、風がふきすさんで、むなしいんだよ。

*

大学時代からの親友に、離婚することを話したとき、

「ともこは、中身が男だからね……」

び、び、びっくりした〜！

でも、のりが言うんだから、きっと、そうなんだろう。のりは仲間うちで、一番頭の中が理路整然としてるんだから。

「え？　男っぽいって思ってなかったの？　絶対、自覚ありだと思ってた！」

だから今まで、あえて口にする理由も、タイミングもなかったのだろう。

それがね、自覚なし、だったんだ。

これまでずっと、自分は女っぽいなと思ってきた。たぶん、ヒトよりおしゃれが好きだし、恋愛も大好きだから。結婚願望だって中学生のときからしっかりあった。

彼には、手作りお菓子や、手編みのセーターをあげたくなる。ダンナには、毎日お弁当を作っていた。結婚初期のことだけどね（笑）。レシピ本を出版するくらい、料理もする。

いわゆる、女っぽいことをしていたいんだ。

でも、そういえば——。

スキなものはスキ！　突っ走る、のめり込む、無我夢中、体当たり。あきらめない、ひとりでも旅に出る……。こういうのって、いわゆる男っぽさなの？

あぁ。わたしは、とんだ矛盾を抱えているんだな。根が男っぽいからこそ、女でありたくて、女っぽいことをするのかな。男っぽい現実と、女でありたい願望？

「ともこには、ひとりでも楽しくやっていけそうな強さがあるでしょ」

それ、じゅんくんにも言われたよ。別れ話をされたとき。

元彼にも、言われたよ。別れ話をしたとき。

意味ない。ぜんぜん、意味ない。

強いから、ひとりになるんじゃ、なーんの意味もない。

ひとりを楽しんでいるのは確かなのに、わたしは、ひとりでいることがイヤで仕方ないんだ。

愛を注げる誰かと、二人でいるのが理想なんだ。

強さなんて、ぜんぜん、ほしくない！

ほんとにまったく、矛盾だらけ。「強い」自分はイヤなのに、それが好きに生きている自分のスタイルのせいかもしれないなんて。

そうか。「強い」のがいいんじゃない。

「弱い」のがいいんじゃない。

「強くて、弱い」のがいい。

両方をバランスよく、しなやかに、舵《かじ》をとることができれば。

わたしは、「しなやかに」生きたい。

＊

わたしの、ココロのバイブルは、星野道夫さんの『旅をする木』だ。

旅に出るときは、いつもバックパックにしのばせる。

いろんなシチュエーションで読んだら、大好きなフレーズたちに、また違う息吹が宿りそうだから。旅が、より意味深いものになりそうだから。

そんなバイブルの中でも、とくに好きなエピソード。


『……泣けてくるような夕陽を一人で見ていたとするだろう。もし、愛する人がいたら、その美しさや、そのときの気持ちをどんなふうに伝えるかって？……自分が変わってゆくことだと思う……』（星野道夫著『旅をする木』より／文藝春秋）

ステキすぎる。わたしも、そうしたいと思い続けていた。繰り返し繰り返し、そのシーンをココロに蘇らせ、打ちのめされていた。

ひとり黙って、自分自身を進化させるかっこよさったら。しびれる！

でも、今は、「?・」でココロが、埋め尽くされているんだ。ほんとにそうなの、星野さん？　なんか、そういうの、今のわたしには淋しくって仕方ないんです。

ココロのバイブルを、バックパックから引っ張り出し、読み返す。星野道夫さん、という人物を思い描きながら……。

そうか。「ひとり」に、こだわることはないんだ。星野さんの職業は、広大な原野を何ヶ月も歩く自然の写真家だった。そんなところに、家族を連れて行くわけにはいかないじゃない。やりたいことをやりぬくには、ひとりで、やらざるを得なかった。

だから、ひとりで感動して、ひとりで進化することで、伝えたんですよね？　きっとそうでしょう、星野さん？

わたしは、大切な人と「二人」で、感動していいんだ。同じとき、同じ場を共有して、それぞれを進化させることで、それぞれの感動を、分かち合えばいいんだ。

今まで、読み違えていたのかな。いや、そうでもないのかもしれない。読み手の時期や状態によって、受け取るものは変わっていいような気がする。

わたしは、旅が大好きだ。ひとり旅も好きだ。自由気まま、出会いいっぱい、お気軽お気らく。

でも、わかった。大切な誰かと、二人で旅をするのが、一番しあわせ。

相手がたまたまいなかったり、仕事だったり。ひとりでしか、旅できないときもある。

それでもやっぱり好きだから、ひとりででも、旅に出る。

それだけだ。

街のみなさんは、このゴーダヴァリー川で沐浴をし、祈る。洗濯や洗車もしてたな。

16

アウランガバード&アフマダバード

あっつい事件簿！

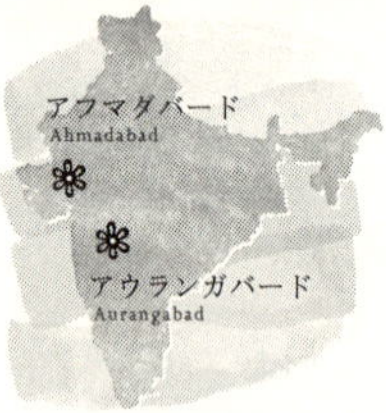

インドがあっついなんて、しかも暑気の内陸インドがあっついなんて、当たり前すぎて、本の紙面を割《さ》くのもはばかれる、気がしていた。

けど、これは書かずにいられるか！

この原稿を書いている今は日本の冬、日本オール冷凍庫中の二月。いつもなんとなーく、体のどこかがふるえてる。たまんないな。

なのに。日記帳を開いたとたん、寒さがぜんぶぜーんぶ消え去った。むしろ、ぶわっと発汗！

インドのみなさま、生きてるだけで、尊敬します。

＊

あっつい事件簿・その一　あんなに愛していたのに

サトウキビジュースを愛していた。

手動の搾り器にサトウキビを挟んでギュッと搾った汁のことで、あちこちの道ばたで売られてる。薄くにごった緑色で、氷でキ――ン……冷えびえ（ちなみにわたしの胃袋は最強です。インド道ばた屋台の氷はおススメしません）。

店によっては、ライムを搾ってかけてくれたりもする。

見た瞬間、ひんやり爽やか、口にふくむとナチュラルにほんのり甘い。グビッと飲み込むと、するるーっと体にしみ渡り……は～生き返る！

この手仕事ジュースのお値段は、どの店でもだいたい五ルピー（約一〇円）。安すぎでしょ、食いつくにきまってるでしょ。

ちなみになぜか、どの店の搾り器にも決まって鈴がついている。辺りはいつもチリリンチリリン……とってても風流。

とくにわたしは、もともと風鈴が大好きということもあって、この音を聞くととたんにうきうきっ！　すぐさまかけより、ハイッ購入、パブロフの犬状態〜。

一日、三〜五杯飲むのは当たり前だった。

そんなマイブームを引き連れて、アウランガバードに到着。かの有名な世界遺産エローラ・アジャンタの観光拠点だからね。

……ていうかこの町、暑過ぎでしょ、ムンバイから三五〇キロも内陸にきたから？

いや、理由はなんでもいい、とにかく暑い、生き抜けるのか不安になる暑さ。埃《ほこり》もすごいし、やばい町だ！

必死に自分を生かそうと、サトウキビジュースセンサーの感度をハイパーにチューニング。ささいな気配も逃しません！

一日、八〜十杯と、お世話になる量が記録的に伸びていく。

だって、生きたいもん、しあわせになりたいもん。

そうして四日目。チリンチリンチリン……これは、宿近くのよく行くお店の音。

いつものように、五ルピーを手に握りしめて直行。すぐさま、飲み干……せませんでした。

なんで？　味は変わってないよね、いつも通り。

でも、自分の体が受け付けない。飲みたいのに、飲み込めない。おかしい、非常におかしい、簡単しあわせ装置が作動しないなんて困る。

他の店で試してみるもやっぱりダメ。口に含むと、うっ。

それ以降、風流なはずだった鈴の音を聞くだけで、うっ……残念～！（涙）

一日十回でも小躍りできた、あのしあわせは一体どこへ？

体の中の生涯サトウキビ許容量がマックスになっちゃった？

それとも、お手軽しあわせ装置をむやみに使いすぎて、装置崩壊？

なんでもやりすぎは禁物、バランスが大事って言いたい？

あんなに愛していたのに、愛しすぎてもう愛せない？

……あ、自爆。愛だ恋だに結びつけてはいけません、断じていけません！

いやぁ失恋したての女ってのは、繊細でめんどうだ。

あっつい事件簿・その二　人生三度目のプロポーズ

アウランガバードをさんぽした。……て、ちょっとなんでわたし、酷暑の午後二時にさんぽしてるの？　焼け死ぬよ！

言っておくが、逃げ込むべき冷房の効いた落ち着くカフェなどインドにはない。とくにこんな片田舎ならなおさらだ。安全地帯、皆無。

そして……あぁ、ハエだらけなんだよ。ハエのいない場所なんて、この広ーいインド中で、三センチ四方くらいしかないんだよ。こうも暑さが倍増すると、慣れてきたハエもカンに障るのよ。

猛暑×ハエの嵐、壮絶だよ！

まぁ、都会の高級店ならきっとハエはいないでしょうし、冷房もあるでしょう。世の中マネーですよマネー。ふははははー。……って言いたくなるくらいの状況ってこと。

土地によって、いろんな長所短所があるもので。別に、短所があるから、その土地そのものをキライになるわけでは決してない。単なる事実だし、それが味になったりもする。

そんなわけで、一刻も早く宿へ帰り着こうと、ふらふらしながら必死で歩く。宿まであと十五分ほどの地点に辿りつくと、バイクに乗ったヒンディーボーイが登場。

「どこ行くの？　あっついでしょ、乗せてくよ」

あ、このヒト知ってる。ずーっと前から、ついてきてたよね。あっち停まって、こっち停まって、わたしの歩みに合わせてた。怪しいヤツだなぁって、思ってたよ。

……でもさ、人は見かけによらないって言うじゃない。あっつい中、歩くのを気遣ってくれてるなんて天使かも。少し話すと、なんか素朴でやさしい感じ？

大丈夫！　自分に暗示をかけて、チャロ～（レッツゴー）。宿の近くまで、乗せてもらうことに。

ところが……まんまと停まってはくれませんでした。

そりゃそうだ～。何が素朴だ、何が天使だ、バカだよね当然だよね、ざまみろわたし。

ま、仕方ないんだ。こんな暑さの中、正常な判断なんてムリムリ。むしろ、頭がおかしく
なる方が正常かもね。


「うちに来てママに会ってくれ！　ママは僕にワイフを探しているんだ。お願いだ！」

わーお、人生二度目のプロポーズ♥

あ、カンボジアで「偽装結婚してください！」って言われたこともあるから、三回目か～。

……わたしはようやく正気に戻り、バイクの後ろで降ろせ降ろせとギャーギャー騒ぐ。ギャーギャーギャー。するとその辺で、ポイッと捨てられた～。

それからたっぷり小一時間、宿までさ迷い歩きました。

めでたし（やけくそ）！

あっつい事件簿・その三　水道水は奇跡だ！

アジャンタ石窟寺院は、鮮やかな仏教壁画で名高い世界遺産だ。この周辺には宿泊施設はほぼない。大抵の観光客は、アウランガバードを拠点にして、バスで片道四時間の日帰りトリップをする。わたしもだ。

すごかった。うん、確かに、すごかった？

昔々のものなのに、キレイな発色、なまめかしい仏さま。

確か、迫力もあった、確かねぇ。

……一番迫力あったのは、暑さ。すごかった……。

敷地の入り口から、石窟寺院まで、十分ほど歩いている段階で、すでに命が消えかける。見たことにしてひきかえそっかな〜、と、とぼけて口笛吹きかけたけど。なんとか思い直し、半分気を失いながら、進む。せっかく四時間かけて来たしねぇ……。

ゆっくりゆっくり、いくつかの石窟を見た、気になる。

で、いくつめかの石窟を出て、水を飲もうとペットボトルに手をかけた。あ、間違えてお湯買っちゃったのか〜って、んなわけないんじゃやん！

あぁぁぁ、ぬるい水を通り越して、冷め始めたお湯になってるよこれ（泣）。

そのとき目に入ったのは、水道前のワンシーン。ボリウッドスターばりに彫りの深い超美形の若おくさまと、目がくりっくりの女の子が、備え付けのアルミのコップに、冷た〜〜い水（に見えた）をなみなみ注いでる。

で〜、目を細めてごくごくごく。

ぷは〜って、おじょうさん、ぷは〜って。

なんって爽快なお顔なの、マリア様！

どうかください、わたしにも、おいしい水をわけてください〜！

水道にかけよると、おじょうさまと、ほんのちょっぴりじゃれてさようなら。

あぁわたしはとうとう、恋いこがれた冷た〜い水（思い込み）を、アルミコップになみなみ注ぐ。

ではでは、いっただっきまーす♥

まずっ!!

まずい、まずいんだよ、ひどいんだよ、でも、勢いついてたから飲み込んじゃったよ！

世の中に、こんな味が存在するの?!

サビと、土と、カビと、生ゴミを混ぜて、で、割らずに！　五乗したこのまずさ、むしろ

ボリウッドスター？のおかあさんの娘さん。インドの子供の可愛さはずば抜けている。

奇跡!!

ていうか、天下のインドだよ。生水超超厳禁、常識のインドだよ。そんなの飲むなんて、どうかしてる。ほんとにもう、この暑さにおいて正常な判断なんてムリなんだよー。

それから一時間後。バスの駐車場に戻ったところで、茂みにかけこみ、ピ――――（放送禁止音）。でも、帰れないと困るから、アウランガバードまでの貴重な一本のバスに乗り込んだ。

あぁ、四時間ずっと、バスの窓から道へ、ピ――。ホントすいません。ホントすいません。世の中のみなさん、こんなわたしで、ホントすいません……。

あっつい事件簿・その四　インドの裸族

あっっつい、アウランガバードを夜行バスで脱出し、グジャラート州都、アフマダバードに到着。少しだけ海に近くなったし、少しくらいは暑さ和らぐんじゃ？　少しだけ期待して、バスから降りた。

……暑かった。

むしろもっと暑かった（涙）。

交通量も騒音もヒトも、十倍増えてる……からかなぁ！　もはや生きていける自信がうすれているんだよ。ほんっとにインド人はすごい、生きてるだけで大尊敬！

だから仕方ないの。もう、これしか、生き延びる方法はないのです。

「裸族」。部屋ではね。

えっ、て思ったあなた！　いや、ほんと、行けばわかります！

わたしだって、裸族になる話を聞いたことはあっても、自分はしないって思ってたんだから。でもね、背に腹は代えられぬのです！　生きて日本に帰るためには仕方ないのです！

なんで冷房付きの部屋にしなかったかって？　インドは安いのにって？

ビンボーでゴメンねっっ！

それに、部屋の中がここまで暑いなんて想像しないでしょ、反則だぁ……。

昼間にチェックインを済ませると、部屋で、日差しが和らぐのを待つことに。町を見渡す大きな窓はどうやら開かないけど、きっと、落ちないようにとの配慮だろう。ここは四階だからね。

ベッドの上に扇風機があるから充分充分。風の恩恵がバッチリ受けられる位置に、ワンピースを着たままゴロンと寝転び本を読む。いつの間にか、まどろんだ。

しばらくして目覚めると、あれ、の、のど、カラッカラのカッスカス！　なにこれ、異常級だよ、死んじゃうよ！　暑いのどーのにかまってる場合じゃなくカラッカラ！

今すぐ飲みたい、水分プリーズ、なのにあぁぁすでにペットボトルはもぬけのカラ。ちょうど部屋の外で物音がしたので、顔をだして宿の人に水を注文、冷たいヤツね！　いつもはしないルームサービスで炭酸水を運んできてもらうも、一瞬で飲み干す。

緊急事態を逃れると、部屋にいてはいけないことを悟る。生きてる限り暑いなら、出歩いて気を紛らわすしかないな……。

シャワーを浴びて着替えると、カメラを首にかけて扇風機を切る。

す――っ。

あれ？　空気がやさしくなった？　なんか、生きていける、気がする？

……そのとき、やっとやっと、真実を知った。

扇風機こそが、サタンの手下、諸悪の根源！

やつは、あっつい空気をかき回し、恐怖の大魔王となってわたしに襲いかかっていたのだった！

そういえば、インドの旅行記で、扇風機の悪徳について読んだことがある気がする。

なるほど、先人の言うことはいつの時代も正しいな。

学ぼう、学ぼう、先人に学ぼう。なので今日から裸族です！　確か、何かの本で読んだので、謹んで先人のまねをいたします。

そんなわけで、裸族化計画は高らかに宣言され、しっかり実行されたのだった。

ちなみに、滞在四日目チェックアウトの直前に、なんとなく窓に手をかける。

……開いた。けっこう簡単に。

すると、やわ〜い風が、ヒュワ〜っとやさしくわたしをとりまいた。だいぶ、涼しかった。

うん、そうなの。暑さは人をおばかにさせるのよ（涙）。

あっつい事件簿・その五　一生尊敬！　あつすぎるスイカ売り

暑い暑いって……だったらインドを旅するなって言われそうだ。わたしも、自分でそう思う。けど、仕方ない。たまたま、ヒトの正気を奪う暑さだったのだから。事故みたいなものだ。

それに、暑さゆえのすばらしい出会いもあった。

それは、スイカ屋のおっちゃん。インドでは、大抵の町の道端に、スイカ屋さんがいた。手押し車の上で、スイカを一口大にカットして、手のひら大のお皿に山盛りで五〜一〇ルピー（約一〇〜二〇円）。

もちろん、カレー味の塩も振りかけてくれるよ！　はじめは首をかしげるだろうけど、けっこうクセになるよ〜。

ところでわたしは、もともと、スイカが大好き。食べもの全般で一番だな。サトウキビジュースというお楽しみを失った今、スイカこそがしあわせの鍵。

どこの国で食べてもおいしいけど、このあっついインドで食べるスイカの偉大さったら！

はじめは、町中のいろんなところ、たまたま出会うスイカ屋さんで買っていた。

あるとき、なんとなく宿に一番近い屋台で買ってみると……うわっ。予想以上にジューシーで甘い、しかも、冷たくて！　塩に混じったスパイス具合も絶妙だし、ちょっと、そんじょそこらのスイカとは訳が違う。おかわりをしてもクオリティーはぜんぜんぶれないなんて、これまたびっくり。

だいたい、インドの道端でキンキンッてどういうことよ。

それからは、スイカが食べたくなるとココまで戻ってきた。一日四皿当たり前コース。そのたび、おっちゃんと、お手伝いをする息子さんと、言葉レス会話を堪能。おまけをたくさんたくさん、くれるようになった。

このスイカ屋さん、わたしの部屋からも見下ろせたのだけど、びっくりするほど大繁盛。昼のオープンから、深夜のクローズまでひっきりなし。わたしが店先でゆっくり食べてるときだって、常に誰かが買いにくる。

町中のみんなが魅せられてるんだ、このおっちゃんの手仕事に。

秘密は一体なんだろう。食べながらじっくり観察。

スイカをたたいて様子を見るとき、スイカを冷やすための氷を扱うとき、スイカを切るとき、お皿に盛るとき……全動作中の眼差しが、ものすごく真剣で真っすぐ。鋭い目線でスイカが切れそうだ。

きっとこの道三十年級だろうに、曇りのない輝きは一体どうして？　それでいて、お客さんに向かって顔を上げるときは瞬時に笑顔。切り替え力ハンパない。

スイカに対する尊敬と愛情。

お客さんに対する感謝と親愛。

自分に対する自信と初心。

職人ってこういうことだと思う。

いや、みんなみんな、こういうことだと思う。職人だろうがなかろうが、仕事だったり仕事じゃなかったり。

なにかするとき大切なのは、尊敬と愛情、感謝と親愛、自信と「初心」。

おっちゃん、あなたこそあつい。なによりやばい。インドではじめて、本当の意味で尊敬する生身の人物に出会った。

暑いからこその出会いにココロから感謝です。おっちゃん、一生忘れません。

インドのスイカは細長くて大きい。

17
ブージ
へっぽこ曰く、ココロに余白を

ゴアでの救世主まさくんが、パキスタンとの国境辺りに「White Desert（白砂漠）」があると言ってた。なんでも、インド最西の町・グジャラート州のブージで、町の人から聞いたそうな。

「途中まで行ったんだけどね。検問みたいのがあって、パスポート見せろって言われたんだ。でもそのとき、バナナしか持ってなくてさぁ。通してもらえなかったよ〜」

「あぁそれ、赤バナナじゃなかったんだね」

いえね、南インドで食べた皮の赤いバナナが、とってもおいしかったから。まったり、もっちり、クリーミィ。華やかにふわっと香る甘さがお上品。値段は黄色いバナナよりずっと高くて一本八ルピー（約一六円）くらいするけど、やみつきになるよ。

店の軒先で大量に吊られているバナナたち。

赤いのを持ってたら、パスポートがなくったって絶対誘惑できたと思うのにね〜。

ま、バナナ話はおいておき、すばらしい情報をゲット。

白い世界かぁ……。ボリビアのウユニ塩湖、チベットのチャカ塩湖で、すっかり心奪われているんだ。ブラジルの白い砂漠・レンソイスにも、ぜひぜひ行きたいと思ってる。

まさか、インドにもそんなのがあるなんてぜんぜん知らなかった。行きたいなー。


アフマダバードからブージまで、夜行列車でやって来た。町は小さい。市場周辺の中心部だけなら、三十分かからずに歩き終わりそうだ。

市場近くの宿にチェックインすると、荷物

を部屋にボンと置き、さっさとバスターミナルへ向かう。早く行きたくてそわそわしてるんだ。

ターミナルの人に、白砂漠への行き方を聞いてみる。途中の集落までならバスで行けるから、そこでタクシーを拾うのはどうかと。

タクシーで砂漠ねぇ……味には欠けるけど、他に方法がないなら仕方ない。ひとまずバスに乗ってみよう。


バスが町を出ると、辺りはあっという間にカッピカピ。ほとんど砂漠、ちょろちょろ低木。橋はあるけど、下にあるのは干からびた川。そんな中、農作業をしてるおっちゃんがいてびっくり。

こんな大地に一体ナニが？　なにより、おっちゃん干からびちゃうよ、気をつけて！

走ること一時間、どうやら教えてもらった集落に到着。小さなお茶屋さん三軒、あとはカピカピのひび割れた大地。ここが繁華街（？）で、奥に行くと少しだけ民家があるそうな。

うーん、本気の集落だ。村に昇格するには、あと三百年は必要だな。

ていうか、待てばタクシーって来るのかな、いや来ないでしょ。まんいち来たとしたって、絶対、流しってことはないでしょ。

うん、仕方ない！　ブージに引き返して、態勢立て直すか。

せっかくなので、地べたに座ってお茶するおっちゃんたちに挨拶して、写真を撮り回る。

あれ……それ、男性用だったの？　ブージの町で、花柄の大判ストールがいっぱい売られてた。ちょっとレトロな雰囲気で味がある。あとで買おうと思ってたんだ。

それをおっちゃんたちが、頭にかぶったり、腰に巻いたりしてるんだ。おしゃれ！

そういえば、バスの車窓の向こうで一列になって歩く女性陣を何度か見かけた。彼女たちは、おっちゃんの花柄スカーフなんてまったく目じゃない着飾りっぷりだったもんなぁ。いかにもなにかの作業帰り風の重そうな荷物を持っていたっていうのに。

シャツもひらひらのロングスカートも、とにかく刺繍がゴージャスで！　ギンギラ光るビーズらしきものも一緒に縫い込んでるようだった。アクセサリーのごてごて感もお見事。ずいぶんおしゃれさんな民族なのね。

ちなみに、奥の民家まで行ってみたら、ちょっとした民芸品工房があった。衣装や小物をいっぱいみせてもらって、かわいい刺繍バッグをゲット。申し訳ないくらいお安くて。ありがと～。

ブージの奥の砂漠の集落の人々は、とってもシャイだった。

＊

夕方、町に戻ると、宿の若旦那に砂漠への足について相談。すると、車を二〇〇〇ルピーでアレンジしてくれるという。おっと高い。

返事を渋っていると、新たな提案。

「僕もまだ、白砂漠には行ったことないんだ。車で一緒に行こうか、タダでいいよ」

「え、ほんと!?」

「ほんとさ、君はグッドフレンドだろ」

いきなりグッドフレンドとは気安いな。ま、言ってるだけだよね。

「ありがと〜、助かる！」

「じゃあ、明日は朝からドライブだね。白砂漠はきっとロマンチックだろ、盛り上がるね。さ、まずは部屋を二階のＶＩＰダブルにチェンジしてね」

「え、なんで?」

「君の部屋、一番安いシングルだろ、僕らには狭すぎるよ」

ほいきた！　いつものや——っ。かれこれ、インドで過ごすこと一ヶ月半。インド人男性のその手の思考は、だいたいわかってきたんだから。

ひとまとめにしちゃ悪いけど、あんたはその手の代表選手だ！

あんたの世界地図には、
貞節なインドと、性なる解放王国の二つしかないんだよね！

「あのさ……友達って言葉の解釈、間違ってない？」

「そうかな？　君は僕のお客さんだ。一番喜ぶことをしたいだけだよ。君はひとりじゃないか。相手ほしいんだろ」

あ、はい。

って、違うでしょ。

ココロから笑ってやりたいのに、部分的に当たってるから、ひきつっちゃってむなしいぞ。

悔しいけど、わたしはひとりが淋しいんだよ。お見通しだね、お見事だね！

でもだね、相手っていうのは「好きな人」。決して、セックスフレンドじゃなくってだよ。

しかも超通りすがりのしかもあんたって……ぷぷぷ。

「や〜めた。白砂漠とは他の人と行って〜。じゃっ」

町へ出ると、自分に言い聞かせる。

「タダより高いものはない！」

＊

わたしは今、俄然《がぜん》、急いでいる。もうムリ。これ以上あっつい地帯にいたら完全に狂うよ、自信満々、既に秒読み始まってるよ。早いとこ、ヒマラヤの方へ行くんだ。ブージは明日の夜に発つつもり。さっき、夜行バスのチケットも取ったしね。

だから、白砂漠に行くには、明日の朝出て夕方までに戻ってくるしかない。行きたい行きたい、興味津々すぎるんだ、早いとこ足を確保しないと。

まずは旅行会社に行ってみた。なるべく安く行ける方法教えてください。秘密の地元人乗り合い車とかがあるんじゃないかと勝手に予想してたけど。そんなの、やっぱりないらしい。ならばツアーバスがないか聞いてみる。けど、これもなかった。

結局は、外からオートのおっちゃんを連れてきてくれて、旅行会社の人が交渉。ガス代入れて六〇〇〇ルピーとのこと。おや。車よりはだいぶ安いな。

でもね……ひとつ、大きな問題が。申し訳ないんだけど、どうしてもこの無愛想なおっちゃんと一緒に行く気にはなれなくて。一緒も何も、雇った乗り物のドライバーさんなのに、って思われるかも。

いや、でも。理由はなんだろうと、空間と時間を共有する人の存在って大きいよ〜。とくに今回（も）、こっちはひとりだし。なんといっても、大きなインスピレーションを受けた大切な地、ボリビアのウユニ塩湖のイメージがチラつくほど期待してるんだ。できるだけいいコンディションで臨みたい。朝から夕方まで、たっぷり時間もかかるしね。ここだけは、どうか相手を選ばせて。

誠実でかっこいいオートドライバーさんプリーズ！

よし、わかったよ。No.1誠実（見た目）かつ、かっこいいドライバーを、自分で選出しよう。それしかない！

旅行会社を出ると、さっそく町にごろごろいるドライバーさんを物色。おっとコレっていつもと正反対。今のわたしはハンターだ。常にジロジロ見られ続けてきたんだ、今こそ逆襲してやろうじゃないの。

気を抜くとちょっとなえるけど、楽しい明日のために、気持ちを強く持ってやりきろう！

しばらくジロジロ見て歩くと……あ。なんか快感。いつもと違った目を持って、おもしろいものですなぁ。やってることの善し悪しはおいておき、すっごく勝手な思いが巡って興味深い。

あの人悪そう、あの人いい人そう、でももう少し好みのタイプを探してみよう。いや、もともとインド人ってタイプじゃなかったはずだけど……ん？

ナニこれ。失礼しちゃう。人は見た目じゃないんだよ。

天使と悪魔が、やんやと飛び交うゆかいな夕べ。

そんな中選ばれたのは、背が高いスポーツマンチックな、ボーダーシャツくん。スポーツマンは誠実の代名詞だからね～（イメージ）。

「ナマステ～。明日、白砂漠まで乗せてってくれませんか？」

「ナマステ～（にこにこにこにこ）」

なんかこのヒト癒される～、笑顔が人懐っこくて。まったく裏の気配を感じさせない善人オーラ。貴重だな。

でもザンネンなことに、英語がまったく通じない。ワンツースリーも通じないと、半日連れ回してもらうのはちょっとキツイかな。

そうこうしているうちに、あっという間に、他のオート野郎に包囲される。あぁ結局いつものやつだ、見世物小屋の出演者だよー。

　すると、さっきのボーダーくんが横から輪に割り込んできた。そして、自分のケータイをわたしに差しだし、にこにこにこ。強引かつソフトなこの感じ、にくいねぇ。

　受け取ったケータイを耳に当ててみると、すごくまともそうな英語が聞こえてきた。わたしのでたらめ英語なんかじゃ話にならない。ただ、彼がボーダーくんの仲良しで、交渉を手伝ってくれるらしいのはわかった。でも、わたしのでたらめ英語だと電話で説明するには限界があるんだよ、ごめんね。

　すると彼は、今からこっちにきてくれると。町からバイクで三十分かかる家にいるらしいのに、やさしいな。……正直、ちょっとめんどくさい。

　そんなことしてもらっちゃったら、なにか気になることがあっても確実に断れないもん。

　なので、来なくていいと丁重にお断りをし、ケータイをボーダー君に返す。

「ありがとう」

　ズズイと輪を抜け、その場を立ち去った。

　ふぅ、ハンター再開かぁ。おもしろいけど、ちょっと疲れる。時間と場所も限られてるしね。別の方法でも考えるかぁ。

　ま、ひとまず気分転換、ラッシーでも飲も～っと。お茶屋でくつろいでいると、あれから町までやって来たケータイの彼に見つかった。こんなインドの西の果てに、外国人なんてほぼいない。なので、わたしが電話の主だってことはバレバレなんだ。

彼の名はイムラン。記者の仕事をしているという。オートドライバーのボーダー君は、ローハン。二人は中学校のときの同級生で、今でもよくつるんでるんだって。なんだかんだ通じない言葉で話していると、だんだん仲良くなってきた。気遣い具合が日本人的。親しみやすいし、エロくなくてさっぱりしてる。

そうそう、忘れちゃいけない、白砂漠の件。明日もしローハンに頼むとしたら、五〇〇ルピー（約一〇〇〇円）でいいそうな。その上、イムランも仕事を休んで一緒に行って、英語でサポートしてくれるって、わーい。て、あなた会社員でしょ、記者でしょ。ゆるくていいなぁ。じゃ、お言葉に甘えてお願いしまーす。

イムランがローハンに話がまとまったことを告げると、彼はさらににこにこ、イヤミゼロ。もー見るたびいい。善人部部長はあなたに任せた。

「じゃ、いい話まとまったし、遊園地行こうよ」

ヒルパークという、夜も絶賛営業中の遊園地があるそうで。やった！

町外れの丘の上にあった。もう夜の十時も回っているというのに、お客さんがいっぱい。ちびっ子連れのファミリーから、カップル、友達同士まで、みんな元気マックスだ。昼間はあっつすぎるから、夜中に遊ぶんだって。

乗り物は、今にも壊れそうな、弱々しいのばっかり。骨組み簡潔、単純明快。しょぼしょぼ具合が潔い、イイネ！

中でも、とりわけ危なっかしいのが観覧車だった。ゴンドラなんて、ほとんどベンチ。そのくせ、けっこう高いところまで上がってるとはいい度胸。おもしろそう、乗りたい！

個人的に、もともと観覧車が大好きなんだ。ただただ、ぐるぐるぐる。終着点がない。ぐるぐるの途中で乗って、途中で降りる。意味のない感じがいい。

……あるいはすごく、意味深い。自ら渦中に入り、適度なところで自ら降りる。人生みたい。スピンには大したトリックもなく、ただただ運ばれる。何がよかったか、乗る人のココロに解釈をゆだねる率が高い。余白だらけ、余裕の構え。深いな。

そんなわけで、ほとんどお客のいないオンボロ観覧車に乗り込む。

ギシギシグングン、ギシグングンギシ……。いたってギクシャクかつ大胆、危うさ具合がハンパない。

そして頂上までやってきたとき……パタッと力尽きてしまった。

わわわ。

高いところは好きだけど、これはちょっと！　そよ、とでも風が吹いたら、ふわんと倒れそうなんだもの！

イムランとローハンの顔をのぞくと、二人とも、びっくりしてる。

三人、おんなじ表情すぎて、思わずぷぷぷ。

すると、ふわっとココロの焦点が遠くなり……あ、空が近い、星が近い、月が近いー！

ココロが月の方まで膨らんで、ココロにからっぽのスペースが生まれたみたい。そこに、ふわ～っとやさしい風が吹き込んで……あぁ爽快。

やさしくて、きれいで、ほっとして、癒してくれて、でも、怖い。

全部ミックスすると、おかしくて、おかしくて！

ぶははははー！

思わず、わたし、大笑い。つられて二人も、大笑い。もう何がなんだか、箸が転がっても笑える感じ。ローハンとなんて、言葉はぜんぜん通じないのにね。

しばらく笑い続けていると、ようやく観覧車は息を吹き返した。こりずにギュンッ、ギシギシ……。ぶははははー！　何周も何周も、あやうく上ってはあやうく下るぐるぐるの中で、笑い続けた。

ほどけてく、ほどけてく、ココロの何かがゆるんでく。手に取るようにわかってる。

インドではじめて、通りすがりじゃない、♂♀じゃない、本当の意味での友達ができた気

インドの遊園地にある遊具のへっぽこ具合は、ほんとハンパない。

がした。すごく、しあわせ。

へっぽこ観覧車、ありがとう。

おかげさまで、思わぬしあわせ舞い込んできた。

＊

翌朝、ぴったり七時に、イムランが宿に来てくれた。

「おはよ〜」

時間に正確なインド人がいるなんて！（失礼）わたしが準備できてないってば。

「ローハンはオートにいるよ」

慌ててバックパックに荷物をつっこむと、砂漠に必要のない荷物を宿のレセプションに預けてチェックアウト。外に出ると、オートの窓からヒョイッと大きな笑顔が現れる。ローハンは朝っぱらから爽やかだ。

まずは片道五時間の道のりだから、水と食料を買わないと。たっぷりね！

この辺で手に入る、持ち運びが楽ちんで、おいしくてお腹にたまるものと言えば、「タベリ」。それはナーシクで初めて出会い、ブージでは氾濫していた、ナゾのお豆ペーストバーガーだ。

バンズに、タマネギ、トマト、パイナップル、レーズン、ナッツ、マサラなどを混ぜ込んだお豆ペーストをたっぷり挟み、ココナッツフレークを振りかけて仕上げるサンドイッチ。甘くて辛くて、カリカリまったり。スパイシーでフルーティで食感豊か……感覚をいろんな角度から刺激される感じが食欲でいいじゃない。エキゾチック最前線の病みつきになる逸品。

そんなタベリをひとり三つずつ……誰かつっこめと思いつつも合計九個買い、水をたっぷりつんで、砂漠へと向かった。

かぴかぴの大地の中を、笑って笑って走って笑う。ひび割れた硬い土が続く殺伐地帯、低木がたまに生えているちょっと救いのある地帯、ただただ茶色く荒れてる砂漠地帯。

砂漠地帯に入った頃、自転車にへたくそなミッキーマウスが描かれたクーラーボックスを積んだおっちゃんに出会った。アイスキャンディー売りなんだって。へぇ、売れるといいね！　って誰に売るの？　誰もいっこないじゃん、意味不明すぎる。そんな無理して、おっちゃんの体調が心配だよ。と思ったけど、わたしたちみたいなレアケース狙いなのかな。うれしいよ、ありがとう！

羊一匹を連れて、たまの低木の葉を食べさせつつおさんぽ（?・）しているおじさんにも出会った。ほんとに、たまの緑……ファイト。

　そんな数少ない出会いもありつつ、検問に到着。パキスタン国境が近いからだろうか？　パスポートを提示して入域料二〇〇ルピーを払い、さらに進む。数時間進むと、向こうの方が、白くなった。

　白の手前で、オートを停め、白のまっただ中へと歩いてゆく。

　塩だ。広大な塩砂漠。辺り一面が真っ白。強すぎる光が白に反射して、空は白に近い水色に見える。やさしくほんわりしたほぼ一色の世界。削ぎ落とせるだけ、削ぎ落しきった世界。夢みたい。酷い暑さを、もう感じてない。

　ココロに風が吹き抜ける。

18
ジャイサルメール
「僕は、愛なんか信じない」

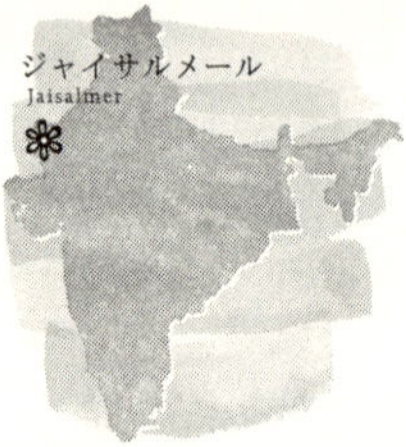

タール砂漠の真ん中に佇《たたず》む、お城の屋上で夕陽をうっとり眺めていると、出会ったばかりのスールヤがそう言った。

太陽に背を向け、スッと視界に入ってきて、じっとわたしを見据えながら。

「人は、愛にこだわるほど、ヒマじゃないんだよ」

なんだなんだ、わたしは今、絶賛おとぎ話の主人公中なんだよ。ロマンチック以外は募集してないんだよぉ。

ていうか、なんで、わたしにこんな話？　まだ、三行分くらいしか会話してないのに。

ここは、中世に中央アジアとの交易で栄えた城塞都市、ジャイサルメール。世界遺産にも

お城の屋上からの眺め。ぽつりぽつりの灯りがとってもいい雰囲気で。

登録されている。

　わたしは、ついさっき、とびっきりの夕陽スポットを探して城壁の中をさ迷っていた。そんなとき、スールヤが声をかけてきて、ここに連れてきてくれたんだ。

「僕は、自由に生きているんだ」

　スールヤの話は続く。いや、どっちかというと、演説ね。

「君もそうだろ。君はきっと、縛られていない」

「……うん、そうだね。わたしは自由だなぁ。あ、はは。自由も何も、こんな風に旅してるしね」

　たぶん、特別に、意味のある答えを、求めてはいないのだろう。相槌《あいづち》として、答えてみる。

「僕も旅人なんだ。インドをたくさんたくさん、旅して歩いた。世界は広い。見ないと始まらないよ」

　今、彼はきっと、宣言中。自分自身に、言い聞かせているみたい。

　だからかな。ひとつひとつの言葉が、あまりにも唐突なお固さで。しかも英語だし――、正直ちょっと困っちゃうけど。

「旅の最後は、ダラムサラに行ったんだ。ダライ・ラマの説法を聞いたよ。人生が、変わったね。僕は、生まれ変わったんだ」

おっと、わたしは、チベットがだーいすき。ダラムサラには、チベット亡命政府があり、昔ながらのチベット文化が息づいているそうで。あのダライ・ラマ一六世も、もちろんここに拠点を置いている。わたしも、必ず行くよ！

俄然、スールヤの話も聞きたくなってきた。

「お金なんて、どうでもいい。愛なんか、信じない」

へぇ！　さっきの発言は、ココにつながるんだ。ダライ・ラマにインスピレーションを受けて、愛を否定するなんて。賛否はおいておくけど、その思いはどう続いてく？

それに、わたしは離婚したばかり。愛の危うさについて思いが及ぶ。愛そのものの存在についていて、真っ向から納得できないのだって仕方ないよね。興味のある話題だ。

でもね……わたしは、「愛」の存在を信じたい。あってほしい。そうじゃないと、「ひとり」だと、涙が出るってつい最近わかってしまったんだから。

つまり……探してます、「愛」とやらを。笑っちゃうけどさ。

「自分のしあわせのために、生きているんだ。何にも縛られずに、自分のしたいことをするべきなんだよ、自由にね。今を、生きるんだ」

スールヤは、「お金」と「愛」を否定して、「自由」に自分のしあわせを求めているの？　ぜんぶは持てないって言いたい？

わたしも、自分をしあわせにしたい。

でも、「自由」でいたいし、「愛」もほしいよ。「お金」だって、ある方がいいなぁ。


そういえば、ジャイサルメールに来て、ダライ・ラマを語る人に会ったのは三人目だ。他の二人は、自己愛よりも、他者への愛について話していた。それに、ダライ・ラマへの尊敬を、なにより語っていた気がする。

彼はちょっと違う。「自分のしあわせのため」と言うし、ダライ・ラマについて、あまり触れない。

ところで、スールヤは三十歳前後くらいに見える。こういう考えなら、きっと、今も独身だよね。でも、その年代で独身って、インドではけっこう珍しいことだよな。

「結婚は？」

「してるよ。子供がひとり」

びっくり。愛を信じないのに、結婚してるなんて。

あ。あるいは、結婚しているからこそ、愛を信じないの？

わたしは、つい最近まで結婚していたし、愛を信じていたつもりだよ。離婚した今は、信じたいと「望んでいる」段階だけど。

「結婚は、僕が決めたんじゃない。両親が決めたんだ、仕方ないよ」

「何歳のとき？」

「二十三歳だった。奥さんとは、結婚式のときはじめて会ったよ」

「でも、お子さんがいるんでしょ。愛情いっぱいなんじゃない？」

「子供や妻や、両親や……もちろん、大切さ。でも、それはそれ、別の話だ。男女の愛なんて幻想だよ」

「そう？　結婚は、手相とか星占いで決めたの？」

「そうだよ、狂った話だ。でも、仕方ないんだ」

「手相……スールヤも少しは信じる？」

「まったく！　信じっこないよ」

これまた、びっくりだ。占いを全面否定するインド人なんて、はじめて会った。

＊

この旅のはじめ、ヴァルカラで、現地在住の日本人女性と知り合った。ダンナさんはインド人だという。

彼女の家でお話ししていると、ダンナさんが帰宅。物腰やわらかで、楽しいヒトだった。少しすると、会ったばかりのわたしの手をとり、手相を勝手に見始める。

「最悪だ」

彼は言い放った。たぶん、ジョークではない。真剣な声だった。驚いたよぉ。言わせていただくと、わたしの手相は感情線と知能線がひとつにつながった「ますかけ」。日本では、大失敗もするけど大成功もする、大物になるとか言われることが多く、プラスに捉えていた。その分ココロの準備がなさすぎて。

なによりこのとき、センシティブ絶好調の時期だったから。わりとショックを受けた。そんなひどいこと、どうして人に言えるのか、ということを含め。

ダンナさんは続けた。

「運命だから、仕方ないんだよ」

なるほど。インドに来た気がした。

これまで、インドでいかに手相が重要視されているかや、その運命観について聞いてはいた。みんなが信じてるらしいよね。でも、本当？

その日以来、チャンスがあれば人に質問した。なるほど、ほぼみんな真面目に信じているし、というか、信じないなんてあり得ない、と思っているんだね。

あくまでもわたしの印象だし、当然個人差はあると思うけど。

わたしが以前、ツアーコンダクターとして一緒に仕事をしたインド人ガイドさんは、とっても優秀な方だった。いわゆる、高カーストの知識層。

彼もやっぱり、手相や星占いを大切にしていた。なので、占いの通りに結婚したそう。付き合っていた女性と別れ、会ったこともない、いとこと。

別れは悲しかった。でも。

「運命だから仕方ない」

そう言った。

＊

「占いなんて信じない。運命なんて信じない。信じないけど、従うだけだ。それが、インドだ」

切ないなぁ。

「でも、僕の手相が、ラッキーだってことだけは、信じてるよ」

うん、それ、大賛成。そういえば、スールヤとわたしはちょっと似てる。

自分は自由だと思っているし、自分の中に愛がないと思っている。

愛そのものの存在を、信じたいかどうかは別として。

「家族のしあわせと、自分のしあわせは別なんだよ、まったく別。この二つのバランスをうまくとることが大切なんだ」

彼は、奥さんに、男女の愛を感じたことがないと言う。かといって、離婚をしたいわけではない。奥さんを、子供を、兄弟を、両親を、悲しませるつもりなんか、ぜんぜんない。家族のしあわせはつらぬく。そんな風に言う。

自分の求める愛を手に入れられないから、はじめからないと思う方が楽ちんなのかな。

別の目標達成に意識を集中する方が、ココロ安らかなのかな。

それはそれで、有効だとも思う。ときには、いいと思う。けど、ずっとじゃ、切ないなぁ。

「とまこには、夢がある?」

「うん、あるよ。大きいやつ」

「それがいいよ。目標こそが、生きる力だ。目標がなかったら、生きてる意味なんかない」

……強すぎる言葉だ。

本当はスールヤこそ、「愛」を求めているんじゃないかと思えてきた。

「スールヤの夢は何？」

このとき知ったけど、このお城は公共の施設ではなく、彼の家族のものなんだって。先祖代々、彼の一族が住んでいたそうで。今は別の家に住み、ここを宿にしていると。すごいな！　規模は小さいけど、正真正銘の歴史的建造物だよ。

そんな宿と、インドの観光産業全体の発展のために、国を巻き込んだ壮大なプロジェクトを構想中みたい。あちこち視察に行って、交渉して、世界に飛び出して……そんなことが必要とか言ってたな。なるほど、自由でありたいと思うのもわかる。

いいことだ、ほんと、夢こそパワー。でもね……それだけでは、まかなえないような気がしちゃう。だって、彼は、こんなに愛を求めているんだもの。


そうか。気づいていないだけかもしれない。

あるからこそ、見えなくなって、追い求めるのかもしれないね。

彼にも、わたしにも、愛も、自由もあるのかも。

ただ、気づけなくて、ぐるぐるしてるだけかもしれない。

スナフキンが言っていた。

「ぼくが、見たもの気に入ったものは、すべて、ぼくのものなんだ。ぼくはね、全世界を、持っているのさ」(『ムーミントロールと彗星』より)

言うなぁ!

でも、このくらいで、いいのかもしれない。あるものに気づいて、感じて、取り込んじゃえばいいんだ。思い込みでもいい、きっとそうなっていくから。

スールヤの言う、「何にも縛られずに、自由に自分のしたいことをする」っていうのは、実は自分に満ちている愛に気づいてこそ、発展するような気がする。

だって、「愛なんか信じない」と語るスールヤは、愛への欲求に縛られているように見えるんだもん。

……わたしもだよ、うん。

愛にも、自由にも、気づけばいいんだ。

品を保てる範囲で、自分のココロにまっすぐに、愛も、自由も求めればいいんだ。

こんな思いは、ロマンチックすぎる?

いいじゃない。

砂漠の国のおとぎ話だ。

ここは、お城の屋上、星空の下。

あぁ、そうか、まさに。

スールヤの「愛なんか信じない」は、わたしが大募集していた、ロマンチックだったみたい。

＊

辺りは、すっかり真っ暗になっていた。

「あ。友達、来たよ」

スールヤは、向こうの空を見ている。

「一番星は、ぼくの親友だからね」

おっと、この人よくそんなこと。

でも、まぁいい。今日のところは許してあげる。これは、ロマンの旅のワンシーン。

スールヤにとっても、旅人のわたしとの時間は、旅みたいなものでしょ。

「この屋上は、ぼくだけのパラダイスなんだ」

「そっか、いいなぁ」

「気に入った？　じゃ、パラダイスのビザ、延長してあげる」
すぐ隣の、ジャイナ教のお寺の鈴が、静かに、やさしく、深～く、鳴り響く。
じわっと、ココロにしみこんでくる……。
屋上から見渡す夜のオアシスは、ぽつぽつと、控えめな灯がともっていた。
野良犬隊が、ぼんやり浮ぶ。
牛の影が、じんわり動く。
オートは、ねじ式おもちゃみたい。
おちびは、夜中の鬼ごっこ。
やっぱりここは、おとぎ話の世界だな。

あぐらをかいて、スールヤのお母さんが届けてくれたカレーを食べた。
ねっころがって、星を見た。
流れてるのも、三つ見た。
お願いは、その都度、言い逃した。
「今を、生きるんだよ」
スールヤは、何度も、何度も、わたしにそう言った。

でも、ほんとは、自分自身に言っているんだよね。

「とまこに、ヒンディーネームをつけてあげる。そうだな……『プジュー』がいい、ぴったりだ」

プジューは、祈禱師《きとうし》プージャ（PUJA）の親しみをこめた呼び方。確かに、わたしはよく祈る。ぴったりだ。

ずいぶん、話した。ずいぶん、くつろいだ。気づけば、もう、十一時。

城壁のすぐ外にとった宿まで、バイクで送ってもらう。

「おやすみ、プジュー。また明日、おいで」

＊

翌日、わたしは、行かなかった。

町を歩き回って、買い物して、あっちこっちで油売って。

スールヤに会いたい気持ちと、約束を破る罪悪感に、気づかないフリをした。

また出た、悪いクセ。

でも、「さよなら」がイヤなんだ。これは、旅の途中のロマンチックだから。

夕べだけで充分。ココロには深く刻まれたから。

リアリティのある昼間の世界とは一緒にしたくないんだ。

……ハンピで、わかったはずなのに。「出会いとけじめ」は、大切にしてちょうだいって、自分に言い聞かせたのに。でも、行けない。

「さよなら」って、どうしてこんなに、勇気がいるんだろう。

どうか、ココロが届きますように。スールヤ、ありがとう。あなたのバランスが、うまくいくよう願ってます。

夕方、宿に戻ると、きのうこの町に到達してすぐに出会い、友達になったえびちゃんが、お見送りに来てくれてた。

こういうの、うれしいなぁ。ほっこりして町を去れる。

あ。「さよなら」が、ほっこりさせてくれるんだ……。

えびちゃんは、オートを捕まえ行き先を伝え、値段交渉してくれた。わたしは、大荷物とともにドカンと盛大に乗り込むと、大きく大きく、手を振った。

「ありがとう！　さよなら！」

駅に着くと、再び大荷物を背負って歩き出す。切符を片手に、えっちらおっちら……。

……改札の前に、スールヤがいた。

「来なかったね」

そう言って、ニコッ。

「ごめんね。さよならが好きじゃなくって」

「ありがとう。夕べのインスピレーションはココに書き込んだよ」

再びニコッ。

小さいノートを、わたしの手に握らせた。品のいい布張りの、ひもで結べる手漉《てす》き紙のノート。ひもをほどき、表紙をめくると、「PUJA」の文字が。

ほろん。

ココロのゆるんだ音が聞こえた。はっきりと。

顔をあげると、スールヤをまっすぐみつめ、

「ありがとう、さよなら。また来るね！」

わたしは、大きく笑った。スールヤも、大きく笑った。うん、とうなずきあった。

スールヤに背を向け、夜行列車の待つホームへと進む。

ほっこり。

うん、わたし、ほっこりしてる。

大きな荷物が、不思議なくらい軽かった。

中には二段ベッドが備え付けられている。

19

リシュケシュ〜バドリナート

失うことを、怖がらなくていい

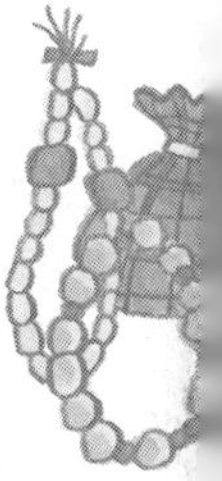

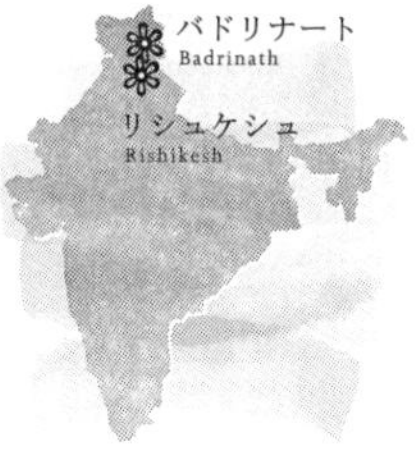

ジャイサルメールから、電車とバスと、その他もろもろ乗り継いで、三十時間。ヒマラヤの麓《ふもと》リシュケシュまで一気に北上した。早いとこ、あっつい地帯を脱出したかったから、一目散でかけぬけたんだ。

それに、旅も気づけば残すところあと二週間。いやぁ、ほんとに早い！

なので、行きたい場所へは先に行っとこうと思って。

リシュケシュは、ヨガの聖地で居心地がいいと評判。ここで沈没するバックパッカーも多いみたい。ミーハー情報だけど、かつてビートルズもここに来てヨガを学んだとか。わたしも東京でへっぽこヨガをやっているから、気になっていたんだ。

そうしてやってきたリシュケシュは、評判通りとっても居心地のいい町だった。

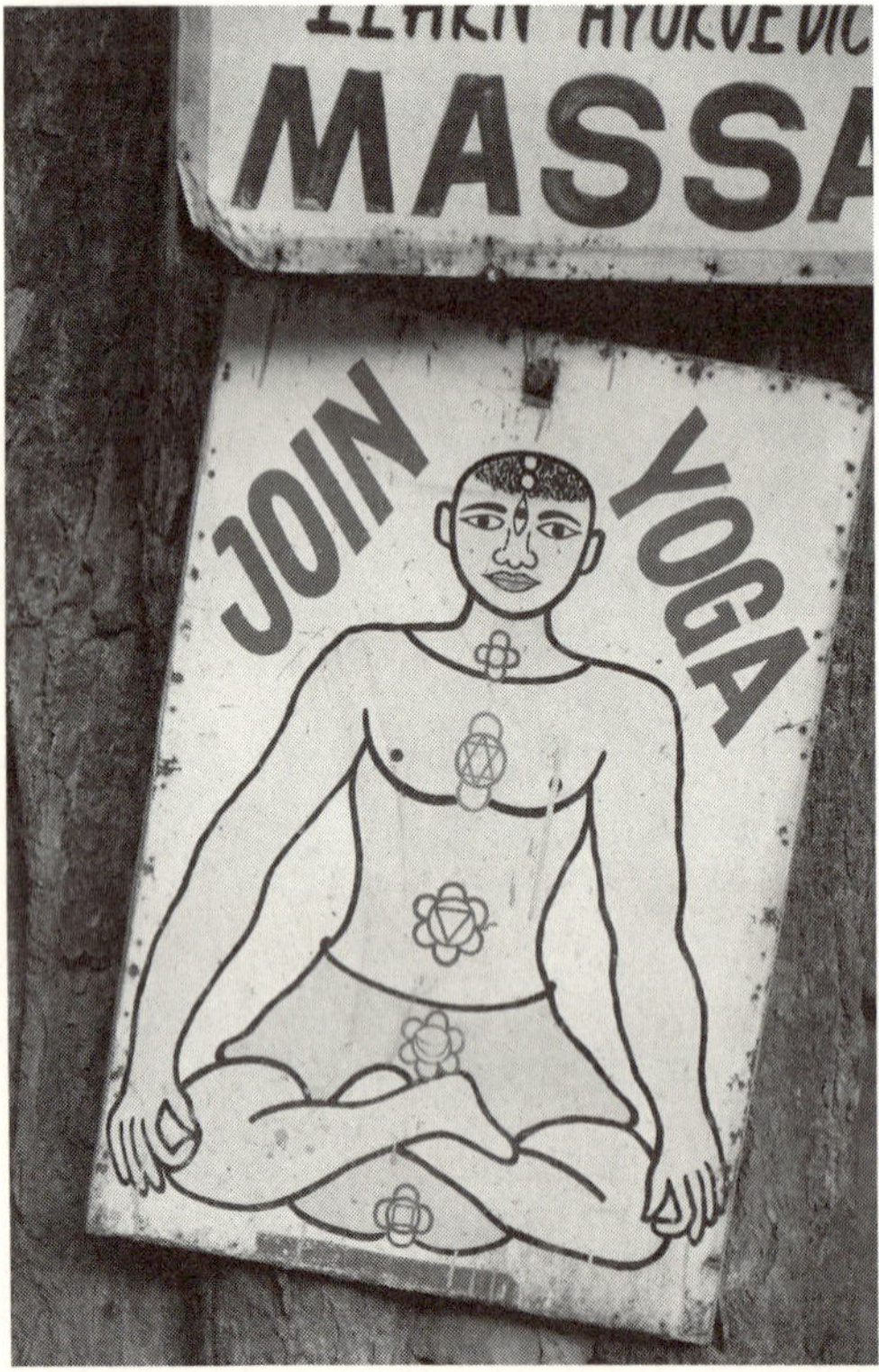

町中にはおしゃれなヨガ看板がいっぱい。

白濁した雪解け水が満ちるガンジスの川沿いに広がっていて、緑の山々に囲まれている。町の大きさもコンパクトでちょうどいい。沈没スポットなだけあって、おしゃれカフェもあるし、安くて気持ちのいい宿もある。

それに、さすがはヨガの聖地。沈没パッカーが多くても、風紀は乱れてはいない。ま、表向きだけかもしれないけど。とりあえず気持ちいいよ。

ここはリピーターが多いと聞いたけど、わかるなぁ、リラックスとはこのことよ〜。

すっかりゆるみきって、ぷらりぷらりと気ままにカメラさんぽ。

そんなとき、同年代くらいの日本人男性が、正面から歩いて来た。あ、首に豆絞りの手ぬぐいかけてる。

「こんにちは」

「こんにちは……会ったこと、あったっけ？」

「ないです！　ここに来るまで、あんまり日本の人に会ってなかったから、うれしくなっちゃった。ていうか、豆絞り、かわいいですねぇ」

わたしも愛用者だから、親しみが湧いたっていうのもある。手ぬぐいはいかにも日本的だし、かわいくて、速乾で、かさばらないから、旅にはもってこいでしょ。

彼の名前は、ようちゃん。さっき日本食レストランを見つけ、うれしくなって久々のカツ

橋の横にあるカフェから、リシュケシュの町を見渡す。

丼を食べたと。でもまずかった、でも味噌汁はしみた——そんな話を少しだけして別れた。

　夕方、ヨガのレッスンを受けに行こうとガンジス沿いに歩き出した。すると同じ方へ向かっているようちゃんに再会。

　一緒に歩くと、空気感が似ていてとってもらくちん。写真を撮りまくるわたしを自然に放置するのとか、ほんといい。ときどきこちらを気にはしてくれるけど、あくまでも自分のペース。

　話を聞くと、ようちゃんはずいぶんな旅人だった。大学卒業以来、お金を貯めては旅に出て、お金が尽きると働くために帰国して。そんな風に過ごしているらしい。

　旅のペースはのんびり。気に入った地で、じっくり過ごす根張り型なんだって。

　インドにも、すでに半年以上、リシュケシュはかれこれ二ヶ月になると。なので、この辺りにもだいぶ詳しい。わたしが行こうとしているヨガレッスンが、今日はやっていないことも教えてくれた。

　そっか。ならば、ようちゃんが行くとこにくっついてくかな。

　そこはこぎれいなスタジオだった。こんなおんぼろ村の、レトロすぎな建物の中に、まさか。

ほんと、なんだって踏み込んでみないとわからないものだね。

レッスン自体は、東京のフィットネスクラブの本格派といった感じ。それはそれでよかったよ。

レッスンの後、彼が滞在している昔ながらのヨガ道場「アシュラム」を見学させてもらった。宿泊や食事もできて、滞在しながら二十四時間、心身ともに修行できる施設だ。

敷地に足を踏み入れてみると、田舎の古い小学校のような雰囲気。大きなヨガホールは体育館みたいだし、とっても簡単な宿泊施設はおんぼろ校舎そのもの。

リシュケシュに長居する人は、たいていこういうところでヨガ生活をしてるみたい。

翌日は、朝早くからそのアシュラムを訪れ、一緒にレッスンを受けてみた。東京の狭い道場でヨガするのとは訳が違う。

天井の高い、広〜いホールに風が吹きぬける。やさしくて、爽やかすぎる斜めの光が、空間をふわっとまるごと包みこむ。かわいいパステルバイオレットと、パキッとした朱色の壁がキラキラしてる。

あ、はじっこのへんてこな置物さえも照らされちゃって。朝の光は、どんなしょうもないものにでも気づいてくれるんだね。

建物内の色合いと、光の融合がすてきすぎる。

殺人的な日差しになる前の、ほんのひとときの、隙間のしあわせ。

先生の真似をしてヨガのポーズをとっていると、なんとなく、意識が、体中隅々にまで広がっていくような。手先も、足先も、動かしているのは、自分の意思なんだと再確認。体をくねくねさせながら自分の肉体をみつめると、ココロがとっても静まって。体とココロがひとつになっていく感覚がある。

ヨガの聖地リシュケシュでやっている、という満足感の効果もあるのかな？　いくらでも、どんなポーズでも、できる気がした。実際は、ほぼできないんだけどね（笑）。


すっかりヨガに浸った後、ようちゃんと川っぺりで朝ごはんを食べた。おいしいおいしい、リンゴとシナモンのこじゃれたサモサ。水の音は、爽やか成分配合の隠し味。

お互い、なんでも話したくなった。基本、旅人なんて暇人だし。

ガンジスで沐浴もした。雪解け水はびっくりするほど冷たい。殺人太陽にほてった体でも、つかるには勇気のいる尖《とが》った冷え方。

覚悟を決めて、ザブンッ。肩まで水に入る。

「あ」

体は瞬時に凍り付いたけど、それがとってもいい塩梅。不思議。

じっとして、水面ギリギリから、水中の世界と空をゆっくり交互に見てみる。自分の内なる声が、ふっと止まった。意識が遠のいて、地球上にある細部の事実を客観的に観察するような。

ココロに水が、聖なるガンジスの雪解け水が、流れ込んでは去っていくのを感じる。流して。いらない物を、わたしの中の余分なものを、ぜんぶぜんぶ流し去って。

……あ。ゴカルナの海で体に侵入してきた波は、イタイ部分を隠すフタしか持ち去ってくれなかったのに。今は全て、流れてく……。

そうか。ずーっと、張りつめてきたココロに……あぁ、穴があいたんだ。

予想もしない、何かが入り込むための穴。

すごく、ここちいい。でも、すごく、怖い。わたしの核も流れてしまわないかな。

＊

そういえばわたしは、ガンゴートリに行こうとしていたんだった。ガンジスの源がある、ヒマラヤ山中のどえらい聖地。そんな話をようちゃんにすると、カフェへ行くついでに旅行会社に連れて行ってくれた。

聞くと、標高およそ三一〇〇メートルのそこは、この時期まだ寒すぎてお寺は閉まっていると。なぬっ！

でも、肝心の川の源は自然のものだから、開いているも何もない。行けばある。

でもでも、お寺が開いてないから、バスは走っていない。シーズンオフだ。

足がなくっちゃムリだけど……行きたいなぁ、どえらい聖地！

あ。名案ひらめいた。ガンゴートリはガンジスの源。てことは、ガンジス沿いを上って行けば辿り着くよね。標的は定まった、ようちゃん！

「一緒に行こう、バイクで二ケツ。ガンジス沿い上ればきっと着くよね、楽しそうじゃない？」

「お、いいね、行こいこ」

このお気軽感こそ、旅人どうし〜。

それから、地図を買ったり、バイク屋さんに行ったりして、さらに情報を集めた。すると、ガンジスの源は、ガンゴートリから雪山をたっぷり一日歩かないと辿り着けないと判明。うーん、寒いのヤダな。暑すぎるのも問題だけど、寒すぎだってイヤなんだ。やめやめ。

じゃ、どこを目指そうか。

目的は、当初「ガンジスの源、ガンゴートリで祈りたい」だったけど。このときすでに、「ヒマラヤ山中、ガンジスツーリング」にすり替わっていたんだ。

ま、いいじゃないの、わくわくする方で。

バイク屋さんでさらに聞くと、バドリナートにヴィシュヌの聖寺があるよと。じゃ、明日から、そこ向かお。

＊

九時に集合の約束だった。二人とも、現れたのは一時間遅れの十時。ほっ。ケータイもないし、待ちぼうけにさせるトコだったよ、よかったよかった。

と、胸をなでおろす一方で、もうひとつチラッとよぎる余計な思い……この人、社会生活やばそうだな、自分もだけど。

しばらくして、同じことを言われた（笑）。

バイク屋さんが「新品」と言ってる、オンボロバイクにまたがり、出発進行〜！

走り出すと、流れる風景が、くるくるくるくる、おもしろいほど変わってく。

リシュケシュ周辺の、緑深い山の間を走ってると、なんだか懐かしい気分に。あ、これ、

新品？　いや、おんぼろでしょ。

東北自動車道みたい。

山が深まると、急傾斜でとってても高さのある、永遠の段々畑が。カラフルなおうちがへばりついててかわいい！　ペルー北部で見た風景と似てる。トルコのどこかでも見たような。峠らへんには、立派なサボテンが、にょきにょき生えてたりして。あ、知ってる。ボリビアの南部を走ってるときに、放心した風景にそっくりだ。

ちょっとものの悲しい砂埃の町を通ると、中国の新疆ウイグル自治区が頭にくっきり蘇る。運ちゃんが休憩する集落みたい。あそこもすごく、ひなびてたな〜。

流れる風景を旅人ようちゃんと一緒に眺めていると、世界のあっちこっちに思いが及ぶ。今までの旅のこと、今回の旅のこと、お互いの過去のこと、未来のこと。いろんなことを、ヘルメット越しに話しながら進んだ。

山間の町に着くたび、休憩もした。

ハエがおそろしいほど、ブンブン飛び回っている町にも停まった。異常事態レベルだね！でも、あそこでハエをおっぱらいながら食べたサモサには悶絶した〜。

通りすがったどんなへっぽこな町にも、必ずチャームポイントがあった。

夕暮れどき。ほどよい規模の小さな町に入ったので宿を探すことに。部屋はもちろん別々。

ちなみに、旅人の操についていて、みなさんがどんなイメージを抱いているかはわからないけど、カチカチからユルユルまで、当然ながら人それぞれ。

旅先で知り合った男女で部屋をシェアする人たちも割といる。だからって、必ずしも何かあるわけじゃない。

わたしは、気持ちがちゃんと通じ合うまでは問題外の、操重視派です。

それから、部屋を別にしたいもうひとつの理由。なんかもう、めんどくさくて。朝起きたら、同じ部屋に誰かいるなんて。マイペースで起き上がって、マイペースで伸びをして、マイペースで「おはよう」って言いたい。

ほんとは、どんどん「ひとり」生活にここちよさを感じてきているのがイヤでしかたないんだけど。実際、ここちいいのは否めない。

ところが、いざ宿を探し出すと、軟弱日本人パッカーとしては、まともと思える所がない。ここなら、と思える外観だった宿も、大抵の部屋は、汚かったり、窓が壊れてたり、ベッドが異常にぼろかったり、狭すぎたり、水が出なかったり……まともな部屋はひとつだけしかなかった。

ふと外を見ると、すでに暗闇となった寒々しい川辺で、ババさま（修行僧）たちがごはんの準備を始めてる。

彼らは、フライパンと、小麦粉と、ダル（豆）と香辛料、それに毛布だけは持って巡礼するらしいよ。そうすれば、チャパティとダルカレーだけは、いつでもどこでも作れるからね。

その辺に野宿もできるからね。ほんと感心。

……いや、ソレばっかりはムリ。するのもさせるのもムリムリ。しかたない、同じ部屋だね。

さてと、おなかすいた。どこでごはん食べよっか〜。

鼻をくんくん利かせ、おいしいお店探査。町のはずれに、壁がピンクのお店を発見。雰囲気がキッチュで味がある。好きだなぁ、ここにしよ。

カレー数種とチャパティ、お米などが出される、みんなの大好き定食「ターリー」を注文。

あらおいしい、すんごくおいしい。

ていうか、楽しい!!

それまでだって、この旅で人とごはんを食べることはあった。でも、大抵、さらっと友達になって時間をともにすると、さらっと別れていた。

こうして、お互いをある程度理解し合ってから一緒に食べるごはんは格別だね。

たぶん、ここのお店のカレーはおいしい。でも、もっともっとおいしいところは絶対あるよ。

ダルカレー、アチャール、チャパティ。どれもコク深、おかわり必至の味。

なのに、今夜のカレーはずばぬけてる。

そのよさを芯から実感したからこそ、申し訳なさが、しみじみわき上がる。

じゅんくん、今まで、本当にごめんなさい。わたしは普段、ほとんど、一緒にごはんを食べなかった。ダンナが帰宅する時間は、わたしの創作タイム真っ最中だったから。明け方まで作業してたから、朝ごはんさえも別々だった。きっとわかってくれるだろうと、甘えまくってた。

二人だからこそのしあわせを、おいしさ倍増効果を、味わわせてあげられなくてごめんなさい。

「二人」で同じ場を共有しながら、年中それが実現しないなんて。せめて「ひとり」という理由で実現できない方がまだあきらめがつく。

四六時中、自分のやりたいことだけに燃えているヨメじゃ、苦しかったでしょうに……。

芯から反省できるのも、今この瞬間の実感のおかげ。

ごめんね、ごめんね、それから、うれしいんだ。

わたし、生きててよかった。

両極端の震えが、ココロをどんどん高ぶらせる。

「うざいこと言っていい？　二人でごはん食べると、おいしいねぇ。二人旅って、楽しいねぇ」

わたし、今、すんごい楽しい。

＊

部屋に戻ると、オンボロベッドの上で、ヨガのポーズをとりながら、いろいろ話した。

こんな距離感の異性に質問してみたかったことが、いっぱいあった。

近すぎると、聞けないことってあるでしょう。親しくなりつつある、気の合う友達だからこそ、聞きやすいことってあるでしょう。

だから、ぜんぶぜんぶ話して、質問した。すっきりした。

「自分のことばっかり話してごめんね」

「ぜんぜんいいよ、とまちゃんが悪いんでしょ。反省するのはいいことだよね、よかった」

「ぶぶっ」

本気で噴き出した！

「うん、わたし、悪いね！」

「え、だって。自分が悪いって言ってたから……」

そうなんです、悪いの、わたしです〜！

でもここで噴き出すってことは、「そんなことないよ」なんて言葉を期待してたんだね。ずるい、ずるい、わたしずるい。自分の反省点を並べておきながら……ずるいな〜。

こうして、ようちゃんみたいに率直にバシッと斬ってもらえるのって、すごくいい。

ところで、ようちゃんは、そんなに長い間旅をしていて、恋人はどうするんだろう？

聞いてみると、なかなか人を好きにならないから、その心配はないんだ、と言った。

旅ライフを始めてからしばらくして、それまで日本で待っていてくれた恋人とも終わり、以来誰も好きになっていないと。

そんなことって、ホントにある？

「おれ、ヘボイから、人を好きになっても仕方ないんだよ」

ヘボイ？　ヘボイ？　なにそれ？　人を好きになるのに、ヘボイも何もあるの？

そうこうしているうちに、いつの間にか、眠りに落ちた。


翌朝、目覚めると、隣のベッドにようちゃんがいた。

うわっ、うれしい。も――、たまらずバタバタ、出た、布団クロール！

なに？　どーしちゃったの、自分？　あんなに、目覚めたとき誰かがいたらめんどくさいなと思ってたのに。

じんわり、じんわり、しあわせな気分がこみ上げる。歌っちゃうね、お茶淹《い》れたくなっちゃうね。おいしい、おしゃれなブレックファースト、作りたくなっちゃうね〜。

こんなのっていつぶりだ？　あぁ〜わたし、人のココロを取り戻したんだなぁ。

その辺で朝ごはんを食べると、今日も出発、チャロチャロ〜。バイクで快調に走り出す。

「ねぇねぇ、うざいことパート2、言っていい？」

メット越しに、大きな声を張り上げる。

「朝起きて、隣にヒトがいるって楽しいね〜」

＊

すごい、うねうね道だった。うねうねしながら、ぐんぐん、標高を上げていった。空気も、どんどん、ひんやりしてくる。上着を、なにかと買って持ってきてよかった。一枚一枚重ねていく。

人はほとんどいないけど、車にはたまにすれ違う。小さな集落周辺では、下校中のがきんちょ隊に遭遇することも。

顔つきが、なんかやさしい。ちょっと気弱風で照れ屋さん、そんな感じの子が多い。彫りが深く力強い明るさでいっぱいの、いわゆる「インド人」の顔とはだいぶ違う。

ネパールが近づいたんだなぁ。

ぐるりの景色は、どんどん山深く、どんどん猛々しく、どんどんかっこよくなる。峠を越える度に、遠くに見える雪山率も高まって！

鼻歌出ちゃうよ、とまんないよ、気分は絶賛ハイジ中。上機嫌で、まだまだ上る。

高度をだいぶ上げたとき、ぐぐんと急降下する坂にさし当たった。

え、谷底までいっちゃうの？　せっかく、オンボロバイクで上ったのに……。

とはいっても、仕方ないんだ。道は一本、従うまでよ。急で長〜〜〜いその坂は、とってもスリリングで、爽快！　気温も、徐々に上がるのが、よくわかる。

下りきると、あらら、それまでとはまったく違う世界が待っていてくれた。

激しく切り立った、高い高い絶壁！

底を走るちっぽけなわたしたち、左右から、ぎゅっと簡単に押しつぶされそう……。

つくづく、小さいなぁ。自分、小さい。

……あ。わたしにとっての「運命」みたいなものに、ふと気づいた。それは、与えられたものでは決してない。

ココロこそ、運命。

偽りのない自分の「ココロ」の声を、雑音と聞き分けて、従い、道を選ぶこと。それが運命に従うということなのかもしれない。そのときどき、運命は変わっていい。それが本当のココロだと感じるなら。

引き返してもいい、立ち止まってもいい。急降下してもいい。

流れに任せるだけのときが、あったっていい。

ココロの声に耳を澄ませて選んだ道の続きなら、それでいい。

自信をもって、従えばいい。

ほら、流れに任せて急降下した先には、見たこともない、感動の風景が広がっていたでしょ……。


絶壁を抜け、また徐々に高度を上げていくと、完璧な雪山地帯に変わった。

イメージ通りのヒマラヤ山脈！

壮大！　圧巻！　夢みたい！

ぽつぽつと飛び石的に現れる家の造りに、チベット文化が色濃く見える。石の積み方、色のつけ方、壁画のデザイン。人の顔もね。なんだか、ほっとしちゃうのは、日本人とどこか似ているからかなぁ。

空気は一気に冷たくなった。いかにも雪の上を通ってきた、凍える風が身にしみる。

ありったけの服を着込み、あとは気合いで勝負。

かっこいい崇高な山々に囲まれて、テンションは上がる一方！

でも、バイクの調子が、だんだんとおかしくなっていく。エンジンが、たまに止まっちゃ

ヒマラヤの壮大な山の風景に感動。

うんだよね、走っていて、勝手に。

ま。残すところ、三〇キロ、何とかなるでしょ。

そんなとき、きつい上り坂の、砂いっぱいの急カーブで、ズザァ……。スローモーにこけた。

わたしは、とっさにバイクから飛び降り、バイクを支えようとした。

「大丈夫?」

足が下敷きになったようちゃんも、第一声でこちらを心配してくれた。

それからバイクの元気は、ますますなくなり、死にかけの虫～。

少し乗ると力尽きて、押して歩いて、また少し乗ると、力尽きて押して歩いて。のろのろでも、夜までにバドリナートに辿り着ければ。

ここが日本だったら、JAFのおにいさんが、飛んできてくれるのに。危機を救ってくれたスーパーヒーローに見えて、恋心だって抱いちゃうと思うのに。日本ってすごいところだな～。

でもここは神秘の国インドだから。じゃ、バイクに元気を送ろう、受け取って!

片手でバイクを、やさしくなでなで。バドリナートに到着するイメージを、じっくりじっくり、バイクに送る。

「でこぼこ山道きつかったでしょ、ありがとう。あなたなら行ける、もう一息、がんばって」

びっくりするけど、しばらくそうしていたら、徐々にバイクに元気が戻ってきたんだよね。

そして、めでたくバドリナートに到着。

安堵でいっぱいだった。喜びでいっぱいだった。一緒に辿り着いた、ようちゃんとバイクと。

　ほんとにおつかれさま、ありがとう！


さて、着いたはいいけど。

あの〜、ヒト、いないんですけど！

お店、やってないんですけど！

宿、閉まってるんですけど！

寒〜い風が、身にしみますが……。アッチャ〜（インド人風）。

時間は午後四時。風は刻々と、冷たくなってくる。日が暮れるまでに寝る場所を確保しないと、ホンキでやばいでしょ。ここは標高三一〇〇メートル、周りは雪山、死んじゃうよ！

ようちゃんと手分けして、泊まれそうなところを探す。

わたしは探しつつ、カメラカメラ。まぁるで人気《ひとけ》がなく、空にほど近い、強風吹きすさぶ村の夕暮れ。淋しいんだけど、なんか漂う異次元感がたまらない。ぶるぶる震えながら、シャッターを切っていると。

にこにこ、にこにこ。

背中に、あったかい視線を感じる。

くるっと振り返ると、りんごほっぺで、まんまる顔のおっちゃんが手をふっている。ひょう柄スカーフが、首にちょこん。あら、おしゃれさん。

「ナマステ〜。おっちゃん、ナイススカーフ」

「うふふふふ！　ありがと、ナマステ！　日本人でしょ、日本大好きだよ、モーストウェルカムー！」

テンション高いな！　元気出ちゃうな！

ていうかまさか、こんな山奥でもきちんと見分けがついていて、いきなりモーストウェルカムとは。日本人ってホンットお得、ありがとう！

おっちゃんによると、この町もガンゴートリと同じくシーズンオフ。お寺が閉ざされているから、巡礼客もバスもなく、お店や宿の人たちも他の村にいるんだって。電気も、お湯も、今は来ていないんだって。……なすすべなし（涙）。おっちゃん含め、たま〜に見かける人たちはオープンに備え、準備をしに来た人たちだとか。

チベット族に近い顔つきの親子。いぶかしげなおちびたんが、たまらなくかわいい。

するとにこにこにこにこ、相変わらずの笑顔で、

「うちの宿、泊まってけば？　まだ準備中だけど、いいよ！　ごはん作ってあげる！」

わ、わ、わ――――！　おっちゃんの天使！

ほんと、どこの国に行っても、つくづく思う。


人さえいれば、なんとかなる。


人は、見放さない。おっちゃん、ありがとう！　ヒューマンビーイング、ありがとう！

別の宿を探し歩いていたようちゃんを見つけ、おっちゃんの元へとスキップで戻る。

おっちゃんはヒョイッと手をあげ、さらなるにこにこ顔でイスを外に二つ出してきてくれた。息子さんたちが部屋をセッティング中だから、少し待ってって。

すると中から、赤いチェックのシャツを着た男性が、チャイを二つ持ってきてくれた。背は高く、胸はがっちりで、全体的に締まってる。表情と口調は、知的でやさしく、物静か。

うーん、ハイテンションのおっちゃんと、インテリジェンスな紳士。なんていいコンビなの。

「この人、ババさまだね」

インド歴の長いようちゃんには、紳士の正体が、すぐわかった。数珠《じゅず》を首から提げてることと、なにより、この悟ったような雰囲気からわかるみたい。

赤チェックのシャツの、おしゃれババさま。よれよれしてない、頼もしい体形のババさま。新しいな！

わたしの勝手なイメージでは、ババさまって、ぼろぼろの格好で、体形は貧相。ついでに言えば、ちょっとイッちゃってる表情（すいません）。

ステレオタイプよ、さようなら。

自分のスタイルがあるって、かっこいい！

チャイのコップを両手でしっかりと包み込む。はぁ〜、細胞が喜んでさわぎだしたよ。そして、ありがたくいただく。あ、あ、あったかい、あったかいですっ。

生き返りました、赤チェックバンザイ、ひょう柄バンザイ！

用意された部屋に荷物を置き、人気《ひとけ》のない、冷風吹きすさぶ町へとパトロール。中心の方へ行くと、たしかに閉ざされた、お寺が。これがヴィシュヌの聖寺かな。で。その手前からは、大量の、ゆ、湯気？

それって、あれでしょか、お湯でしょか、露天風呂でしょかー?!

かけていくと、ほんとに、温泉が。すぐさま、靴下を脱ぎ、足を湯に入れる。

はぁ……ぅ……。あまりの温かさに言葉が詰まる。

い、生き返る～、アゲイン！

しばらく感動に打ちのめされた。


帰路に着くと、もう辺りは真っ暗、なんにも見えない。

空を見上げれば、あきれるくらいに、☆★☆。すごい、すごい。これこそ、星の絨毯！

静まりかえったヒマラヤの町、電気もない漆黒の町。おりしも、この日は新月で。

星の輝きは、際立つ、際立つ、ため息出ちゃう……。

たまんないや。しあわせで、たまんないやぁい。

ココロの中で、そうつぶやいたら、急に、手をつなぎたくなった。

おやや？　ヒトは、しあわせな気分になると、手をつなぎたくなるの？

「手、つないでいい？」

「いいよ」

ぎゅっと握って、ほくほく、歩いた。

宿近くまで戻ると、焚《た》き火が見えた。人がいる。インドでは、宗教的な理由や習慣から、
ひとさまの前で男女が手をつなぐなんて、ありえない（だから男同士がよく手をつないでい

ると か?・)。

わたしたちは今、風紀違反。パッと、手を放す。

……三秒。ガクンッ。

わたし、大きな穴に落っこちた。

ぎゃははははは!

立ち上がると、二人で笑い転げる。

「手、放した瞬間だもんな～、いや才能だね! ある意味うらやましいよ」

宿に戻ると、辺り一帯いい香り～。おっちゃんたちが、ごはんを作って待っていてくれたんだ。レンズ豆のカレーと細長いお米の、インド版おふくろの味ともいえる料理。よそってもらい、さっき即席で用意してくれた部屋に運ぶ。ここはベッドと積まれた布団でまんぱんだから。ベッドの上であぐらをかいて、ランプの灯りでいただきます。

パステルピンクの壁が、ぼんやり光る。枕カバーに描かれた、妙に鼻の長い寄り目ミッキーに光が反射。タイダイのシーツと、アルミのお皿が似つかわしい。

ようちゃんの手食は、あいかわらず美しく。スッとすくってクチャッと混ぜて、ひょいっと口に押し込んで。もぐもぐもぐもぐ、目を閉じて、味わって……ごくん。

ぱっと開いた目と、バチッと合った。

ふふふふふふふふ。

定番のシンプルな料理なのに、信じられないくらいおいしい。

＊

夕飯の後、改めて温泉に入りに行った。凍え切った体が、ほろほろほろほろ……あっという間にほぐれた。ココロも、芯からあたたまった。

新月の暗闇、満天の星空、凍える空気の中。

ヴィシュヌの聖なるお湯に、ココロと体をゆだねる。

そうそう、親友のアリが、三月の新月の日にメールをくれたんだ。新月は、ココロに誓いを立てる日なんだって。ネットカフェでそれを読み、わたしはあのとき「笑顔」を誓った。

楽しく生きたいんだ、楽しく生きようって。自分を楽しませるのは自分だって思った。

それからも、深め続けた笑顔の気づき。笑顔のパワー、改めまして、すごすぎる。偉大すぎる、伝達ツール。笑顔があれば、まわりも、自分も、だいたい、しあわせ。笑顔でいることが、人類みんなの役割な気がしてならない。

インドへ出発前、東京で、アリとじっくり話をした。わたしと、わたしの話のいろいろを噛み砕いてから、彼女はしかってくれた。分をわきまえなさいって。

ココロで納得したわけではなかったけど、頭では理解できた気がしてた。オトコはオトコだし、オンナはオンナなんだって、思った。決して、男女差別的な、そんな簡単なことを言ってるわけじゃない。人には、オトコには、オンナには、あなたには、わたしには、それぞれの役割があるんだ。

わたしはわたしの役割の、おいしい部分しか知らなかった。

感謝が足りなかったから、自分の役割さえ、ちゃんと知ることができなかったんだ。

そんなことが、今、ココロから理解できる。

わたしは新月に、「感謝」と「笑顔」を誓った。

そして胸に手をあて、「楽しく生きていこう」とつぶやいた。


翌朝、すっきり晴れた青空に、ヒマラヤの雪山が映えること映えること。しびれる！

ネパール国境すぐそこの村まで、ゆっくりのんびりさんぽして、再びバドリナートへ。ヴィシュヌのお寺の辺りまでくると、ようちゃんはベンチを見つけてゴロン。

ヴィシュヌ神の聖なるお寺はカラフル。ドス蒼い空に映えること。

「空がキレイだね〜」

そういうと、スピースピー。あっという間に寝息が届く。

「はやっ」

わたしはひとりで笑う。連日のバイクの運転でお疲れ気味なんだよね。

「ありがと。今日もよろしくね」

お供えもののお店が一軒だけ開いているのを見つけた。カラフルな紙でつくられた、お経やヘンテコな絵が描かれたお札がいっぱい。その中に、聖木トゥルシーの長〜い数珠を見つけた。

旅のはじめ、ヴァルカラで出会った女性がトゥルシーのお茶を淹れてくれたな。スパイシーで爽やか、なんだか新しい感覚をもらった気になったな……。

数珠に鼻を近づけてみた。香りはしない。でも、インドに来たばかりの頃の、ぐっちゃんぐっちゃんだったココロがくっきり蘇る。

二つ買おう。聖なるお寺へ持っていこう。

大胆な色使いの、どこかキッチュなお寺の扉は、やっぱり閉ざされている。膝立ちになり、深々とお辞儀をすると、扉の前に数珠を置いた。

ゆっくり、深呼吸して祈る。

「ようちゃんの旅が、ますます、いいものになりますように」

「わたしは、感謝と笑顔を誓います」

あ……これかもしれない。コーチンで、チブにお守りを託した。結婚前、ダンナを想って二つ買い、ずーっと大切にしていたお守り。わたしには、役目が終わったお守り。

きっと、この旅で、これから先のお守りに出会えると信じてた。

こうして感謝と笑顔を誓い、ヴィシュヌの力を授かったトゥルシーこそ、新たな、わたしのお守り。

二つのトゥルシーを再び手にとると、眠りこけるようちゃんのところへ行き、ひとつを首からかけた。

ひょう柄スカーフのおっちゃんと、赤チェックシャツのババさま。
タンニャバート！（ありがとう）

宿に戻ると、十二時。さぁ、そろそろ、リシュケシュに帰らないと。

モーストウェルカムで助けてくれたひょう柄のおっちゃんに、モーストサンキュー。お代を払おうとすると、おっちゃんったら気持ちでいいって。泣けるな〜。

なので、気持ちをたっぷり込めたお代を支払い、スタッフさんみんなに、「ありがとう、さよなら」。

赤チェックのババさまにも、丁寧に、感謝の気持ちを伝える。それから、とっても言いたかったこと。

「あなたみたいに、自分の役割と、自分のスタイルをまっとうする生き方、すてきです！　かっこいいです！」

英語はひどいけど、表情とハートで、たぶ

んバッチリ伝わったみたい。

ババさま、それまで以上に、やさしくにっこり。首にかけていた、二つの数珠をはずすと、赤い数珠をわたしの首に。茶色い数珠をようちゃんの首に。ふわっとかけて、祈ってくれた。

ありがとうございます！　これも、きっと求めていたお守りに違いない。

ひとつは、自分で選んだもの。もうひとつは、神さまからの授かりもの。

出会えたなぁ……。

＊

ゆっくり、ゆっくり、下りていく。バイクに「大丈夫、大丈夫」とココロで話しかけながら。

ツンツン尖った、神々しい山々の頂上が、ひとつひとつ姿を消していく。

昨日、目に入るたび、興奮したことを思い出しつつ、名残おしみつつ。

……⁇‼

目が、二〇〇パーセント開いたよ！

なにって、前からやってくるババさま！　ババさま集団のひとりが……超はだか。

布一枚、巻きつけてませんけど！　寒いでしょ、風邪ひくよ、ていうか、その前に、あ、あんた～。

崇高な風景の中、背筋をしゃんっと伸ばし、自信に満ち溢れた表情で、スタスタスタスタ……。

普通に服を着込んだババさまたちと一緒に、足もはだしで、スタスタスタ……。

険しく寒い、雪の山道を、平然と上っている。泰然自若とはこのことよ！

まわりのババさまも、ババさまだ！　なんでそんなに、超平然？

「彼のスタイルはわたしとは違うけど、何か？　彼は彼、わたしはわたし」

そう言いたい？　納得したいような、したくないような、でも、う、うん！

基準なんてない！　何がイイとか、悪いとか、ない！　世界は、フッリーダム。

いつも、自分が設定した基準で、ものごとを見てるだけなんだ。自分がイイなと選んだ基準を、信じることでしか始まらないんだ。なら、自分を信じればいいし、いろんな基準を持てばいい。

……裸オトコから、まさか気づきをいただいてしまうとは。ほんっと、インドってミラクル（笑）。

下る下る、しばらく爆笑は止まらないし、バイクも勢いついて止まらない。

そんなとき、工事の通行止めに出くわした。まだまだ、長い間、通れないらしい。

でも、へっちゃら。バイクを降りて、木の根っこの辺りにゴロンと寝転ぶ。


なるようになるから。

なるようにしか、ならないから。


根拠のないゆとりが、ここちいい。

一時間待った後、再び進み出す。ぐんぐん下がる。それはそれは、ぐんぐんぐんぐん。つづら折りに、もったいないくらい下がってく。

つい二十四時間前は、新しすぎて驚いていた風景たちも、

「あ、知ってる。あのときの、あそこだね」

なじみの風景になってるのがおもしろい。親しみを感じて、昨日よりかっこよく見えるから好き。

裏切らない安心と、増量する味わい。こんな風に、生きていくのも、すてきだな。

でも、はじめてこの風景に出会ったときのドッキンは、どうしたって一度きり。共有したようちゃんは、どうしたって、この先も思い出に残るヒトだな。

走って走って、日が沈む。昨日、ようちゃんが、「すてきな名前の町だね」と言った、チャモリなるところで今日は終了。ここなら宿にも困らなそう。

バイクを停めて少し歩くと、川を見下ろすきれいな宿にすぐ出会う。窓がいっぱいの気持ちのいい部屋を見せてもらい、パッと決めた。

だってもう、早いトコあっついシャワーを浴びたくってね！　長時間のバイクで固まった体をほぐすには、ソレが一番。ようちゃんの方が百万倍疲れてるのは当然だから、全力で先のシャワーをすすめる。けど、結局わたしに譲ってくれる。

カチンコチンの埃まみれの体に、あっついお湯が降ってくる。

……はぁ～うぅぅ。

旅人ってレディーファーストの人が多い気がする。いろんな国の、いろんな作法を見てるんだろうな。レディーファーストが好きかどうかは人それぞれだけど、わたしにとってはいいもんだ。

う～ん、旅人同士はいいもんだ。よけいな言葉を必要としない。

今回みたいに、山から崇高なオーラを感じ取ったり、星の絨毯を見上げたり、自信に満ち溢れた裸族に出会ったり。いろんな風景やらに包みこまれる経験、ココロに蓄積されるよね。

圧倒される雄大なヒマラヤの風景に囲まれて、自分の小ささを突きつけられる手応え、大きいよね。

ま、そんなこと、すぐに忘れちゃうんだけどね。

……ここちいいシャワーは、どんどん体をほぐし、どんどんココロを饒舌《じょうぜつ》にさせた。

よくわかんないけど、なんかしあわせ。あ〜、ようちゃんに出会えてよかったな。

「あ、これ。好き、かも？」

ココロが、確かに、つぶやいた。

ぽこぽこぽこぽこぽこぽこ。体のコアな部分から、急〜にほわんとあたたかい何かが湧き上がる。湧いて湧いて、体の隅々にまで、満ちわたる。シャワーのお湯が体の外から中から、ぷるぷると包み込んでくれてるみたい……くぅ〜〜。

誰かを好きになるって、こんなにしあわせだったんだ。相手がどう思うかなんて知らない。そんなの二の次、自分が「好き」って感じてる事実がうれしくってうれしくって。そうか！


愛されることより、愛することだ。

わたしは、これまでいつも、「愛されたい」って思ってたな。

はっとして、シャワーを止めた。

しあわせを感じると、とたんにじゅんくんへの懺悔《ざんげ》も一緒に生まれてくる。悔いると、ココロが少しずつ救われるみたいで……勝手すぎる、けど。

＊

不思議だけど、ようちゃんと恋人同士になりたいとは思わなかった。愛するしあわせを取り戻すために、出会った人なんだと思った。

ココロの声を聴いていたから。わたしが思う運命は、偽りのないココロだから。急坂だろうと、ガタガタ道だろうと、「ココロ＝運命」に従った道を歩いていたから、そのときどき、必要な出会いと別れが用意されたんだって思った。

ずっと前、「本を書きたい」と決意し、その道を歩き始めた。すると、「本を一緒に書こう」と言う元ダンナがわたしの道に現れ、もとの彼が道から去った。一心不乱に本を書いた。愛を忘れた。だから、「ココロ＝運命」が、愛を取り戻すために元ダンナを道から遠ざけたんだ。――突きつけられたと思っていた離婚だけど、自ら突きつけたようなものなんだ。皮肉すぎるけど。そして、ようちゃんをわたしの道に登場させた。

その先の道はわからない。今わかるのは、ようちゃんがわたしに、愛する気持ちを取り戻させてくれたという事実だけ。


ココロの通りに、一歩一歩踏み出せばいいってことだけ。


ところで、前にようちゃんが、「ヘボイから人を好きになっても仕方ない」と言ったことが、気になって仕方なかった。ごはんを食べた後、またベッドの上でヨガをしながら聞いてみる。

「うーん。自分みたいなヘボイ人間に好かれても、相手が困ると思うんだよね。旅ばっかりしてるから、つきあっても待たせることになって続かないだろうし。まだまだ、やめる気ないんだよ、旅。だからね、人を好きになれないの」

「そっか、そうだね。それ、ヘボイや！　ヘボイから人を好きになれないんじゃなくて、好きになろうとしないのがヘボイね！」

即答しちゃった。愛することこそしあわせだって、思いあたったばっかりだもの、ヘボイよ～。

……でも、わたしもついさっきまで、愛する気持ちを忘れていたかもしれないんだ。わたしもヘボかったのか！

やだなー、ヘボイ族の仲間入り（笑）。もう、そんな族になりたくない、臥薪嘗胆《がしんしょうたん》だな。

＊

リシュケシュをバイクで発ってから四日目。今日も、ガンジス沿いを、走ってる。

前々から五月に用事があったので、その前日に帰国できる便をとっていたけど。リシュケシュに着いたときは、ぜんぜん、帰国する意味がわからなかった。

楽しかった！　元気になった！

でも、なにかをつかんだ手応えがない。なにかをつかむべきかもわからない。そんな状態で、帰ってどうするの？

でも、今のわたしなら……帰ってもいいんじゃないかな!?

ガンジス沿いを走りながら、しみじみ、感謝の気持ちに包まれていた。湧き上がる、こみ上がる、ありがとう！

「いろいろ、教えてくれてありがとう。わたし、核心をつかんだんだよ。本当に、よかった。

ガンジストリップ、のってくれてありがとう。出会ってくれてありがとう！」

とんでもなく、抽象的だけど、言いたくて、伝えたくて。

「声かけたのも、誘ったのも、全部自分じゃん。おれ、何にもしてないよ。自分で辿り着いたんだよ」

ううん。受け止めてくれてこそ。本当に、ありがとう。


リシュケシュまで、あと六五キロの、バプラヤッグに到着。高度も下がって、もう暑い。昨日は、あんなに凍えていたのにね。

ここは、ガンジスの源となる二つの川が出会う場所。ヒマラヤから流れ出したそれぞれの川の色が、とてもキッパリ分かれていて、まるで同じ水とは思えない。

正確には、ここから先の川のことを、「ガンジス」と呼ぶ。いかにも、エライ聖地でしょ。せっかくだから、沐浴しようとバイクを停めた。階段を下りて小さな町に入り、川を渡ってガートへ行く。

近くで見れば見るほど、本当に不思議だった。こんなに違う様子の二つの川がひとつになれるなんて。

お互いに、妥協したり、何かをぐっと飲み込んだり。

触発されたり、納得したり……。そしてひとつになるんだね。


その辺で、Tシャツに着替え、ガンジスにザブンと、おじゃまします。気温は高くても、雪解け水は、カキンと冷たい。身もココロも、キュッと引き締まる。それに流れが激しい。ガートの柵にしっかりつかまっていないと、流されてしまいそう。肩まで水につかると、目を閉じて、深呼吸。

しばらくじっとして、水の音に耳を傾ける。

じゃぶじゃぶじゃぶじゃぶ、ココロに入り込んできた。

ココロを、ガンジスの水で満たしながら、ただただ、誓った。

感謝と、笑顔を、誓った。

わたしは、楽しく、暮らします。

いらないものが、流れ去って行った。

大切なものは、流れなかった。

ガンジスの水草が、ココロの水草が、からめとってくれていたんだ。

人々は、二つの川が交わるところで沐浴をする。

どうやら、ココロには、スキマと、水草が、必要です。

そう、流れればいい。
いつだって、新鮮に、入れ替わっていけばいい。
大切なものは、流れないから。
それが、自然の摂理。

失うことを、怖がらなくて、いい。

その夜、雨に降られ、ずぶぬれになりながらも、リシュケシュに無事到着。
ガンジストリップは、終わった。

20 ダラムサラ 旅は、終わる

リシュケシュに到着して翌々日。夕方にはいよいよ、この旅の最後の目的地、ダラムサラへと出発することに。

ようちゃんと、最後のお茶をするべく、ガンジス沿いのカフェに入る。ゆっくり、過ごした。今後のことも、少しだけ話した。

「この、インドの旅も、本にできたらいいなぁ。本を書き続けるために、離婚したようなものだもん。だから、書かないと、意味がないんだよね……」

コトバが、詰まった。

違和感が体中に広がった。

書き続けないと、意味がない？

正しいような気がする。そうかもしれない。

でも、ようちゃんとの、ガンジストリップを終えた今、そうじゃなくっても……いい気がしてる?

正しくなくっても、いいんじゃない?

ううん、「正しい」なんて、どこにもない。

離婚は、確かに、人生の大きな分岐点となった。でも、今、歩み始めた道は、まっすぐな二つの道のうちの、ひとつではない気がする。

頭が思う、正しい道は、忘れていい。忘れていい!

そのときどき、「ココロ」の声に耳をかたむけ従って、道を選んでいけばいい。


コトバが急になくなったわたしを、ようちゃんは不思議そうにみつめる。そんなようちゃんや、カフェの窓から見えるガンジスを、なんとなく視界に入れつつ。

今、見える。道は、いくつもある。うねうねで、ぐちゃぐちゃで、直角で、平行で、でこぼこで。くっついて、つきぬけて、離れて。何本もある。どうしようもないのが、何本も。

ときどき、向こうの道に移ろうとしたって、ぜんぜんいい。ジャンプしたり、橋を架けたり、引き寄せたり、助けを呼んだり……もがけば、いいんだ。

意味があるとかないとか、そんなキッパリ、決めつけなくっていい。

「わたし、わかった」

顔中が、笑った。インドの旅の中で、一番明るく、一番大きく。

わたしは、確かに、笑った！

「あ、かわいくなった」

ようちゃんが言った。

わたし、きっと、ほんとにスッキリしたんだ、これが、答えだ！　わたしは、このインドの旅のゴールに、辿り着いたんだ……。

「気づけてよかった。ほんとによかった。わたし、これで、帰れる」

ゴール記念に、フルーツクレープをおごってもらい、店を出る。

「ほんとにありがとう、またね！」

同じタイミングで、同じことを言うんだもん。目をあわせて笑っちゃった。肩を抱き合い、さようなら。インドではタブーだけど、今だけ、許して。

フルーツクレープもにっこり。

くるっとお互いに反対を向くと、まっすぐ、前へと歩き出した。

背を向ける直前、最後の最後、とびっきりの笑顔を贈ったつもり。よかった。わたしは、こうしたかったんだ。

わたしは、この旅のゴールを見つけた。

それは、新たなスタートに立つこと。

新たなスタートとして、旅に出たつもりだったけど、違った。

旅に出ること、それは、新たな一歩への、プロローグだったんだ。

＊

夜行列車と、バスと、乗り合いオートを乗り継ぎ、ダラムサラへ向かう。

日本を出発する時、これだけは決めていたゴールの地が、とうとう、目の前に迫っている。

あのときわたしは、ぐっちゃんぐっちゃんだった。どうなりたいのか、元気になりたいのかさえもわからずに、旅に出た。

……でもね、ちゃんと辿り着くんだ、いよいよ。

緑まぶしい車窓を眺めながら、いっぱいいっぱい、泣いた。

どんな旅でもわたしにとって、バスや電車は、泣くところだ。夜行ならなおさら。

星空や、朝焼けや、夕焼けや……景色が胸に迫りすぎて、泣くこともある。

ぼんやり考えごとをしていて、感極まって泣くこともある。

この旅のバスや電車では、身もココロも風に吹かれながら、これまで自分の歩んできた道を繰り返し繰り返し、繰り返し思い返した。

何度思い返しても、この道しかなかった。「離婚」を選ばせるほどダンナを追いつめた道なのに。

愕然――――いつもここで、思考がいったん途切れる。自分が黒い人間すぎて。

仕方ないんだ、認めるしかないんだ、黒い人間なりに、生きていこうと観念する。胸が、苦しくて、苦しくて、はちきれそうだった。

でも今、ゴールの地を目の前にした涙は、とってもやさしくって！

もう、自分を黒いとは思っていない。白いとも思っていない。

ただただ、解放された涙だった。


二十二時間の移動の末、チベット文化の町ダラムサラに到着。

チベット人は、予想を裏切らずとっても親切。マニ車を回しながら一心に祈る人々の姿には、感動を覚えた。つやつや毛並みのいいノラ牛は、とても大きく堂々とした佇まい。ノラにでも、やさしく接するチベット人の慈悲深さがよくわかった。

笑っちゃうけど、いわゆるヒンズー教世界の町の牛は、大抵やせこけていた。神さまと崇めているなんて、どの口が言ったか知りたいよ。残飯のカレーを食い散らかして、人にバシッバシッと殴られて。ときには、血だって流していたもの。神さま～(笑)。

ヒマラヤの山中、標高約一五〇〇メートルにあるこの町の空はドス蒼く、川の水はびっくりするほど透き通る。五月の気温は東京の春のように過ごしやすい。世界中から旅行者が訪れるだけあって、すてきなカフェや、おいしいスイーツ屋さんもいっぱい。チベット流のおしゃれデザインのお店もあっちこっちに。ごはんは、チベット餃子「モモ」をはじめ、日本人にも馴染《なじ》みやすいおいしさ。

部屋も最高だった。最後の目的地だし、少しくらいは格上げしようと、こぎれいな中級ホテルに泊まった。

町の中心にあるのに、山側の窓からはチベタンカラーの家々がだんだん畑状に広がって見える。はぁ、お話みたいにすてきな風景。

ここちいいな～。

の、はずなのに！

はずなのに。わたしは、さみしくって、仕方なかった。ココロが、はっきり、「さみしい」と、発していた。

この旅のはじめ、破局ほやほやのわたしは、さみしさを、ココロのどこかにしまいこんで、隠し続けていた。破局ほやほやなのに！

今は違う。

数日間だけ一緒にいた、ようちゃんと別れただけなのに、「さみしい」を自覚している。

さみしい。さみしいなんて、イヤだ。イヤだ。

けど、「さみしい」を、認めている自分が、うれしい。

けど、さみしい！

……わたしは、確実に、新たな一歩を踏み出した。

エピローグ

なんか、わかった。これが、生きていく、ということ。

離婚を宣言されたあの日から、新しい扉を、いくつもいくつも、開けている。それまで、だいたいの人間の感情は、うわべだろうと、想像のつくものだと思っていた。

……とんだ、傲慢でした。

未知すぎた。未知すぎる。人のココロは、宇宙より広くて、深い。まだまだまだまだ、知らない感情が、きっときっと、ありすぎる。可能性の、宝庫なんだ。

そんなのを、ひとつひとつ、リアルに知っていき、嚙み砕き、飲み込んでいく。積み重ねていく。それが、生きるということ。味わいが増していく。これが、生きていく醍醐味だし、生きている特権だ。年を重ねるって、いろいろ色を知っていくって、こんなにすてきなことだったとは。天然のお宝、ご褒美。あぁ、ふつふつとこみあげる、この、しあわせったら。

今まで、わたしの生きるベクトルは、「楽しい」が、孤高の存在だった。すべてを、「楽しい」基準で考えていた。楽しくないことは、いけないことだった。

楽しくない気持ちを、押し殺して。気づかぬふりをして。楽しい、と言い聞かせて。「哀」と「怒」を、意識的に排除して。

これからは、いいんだよ。

楽しくないことは、楽しくなくっていい。別の角度から、肥やしとなり、味わいとなる。あつみ、ふかみ、つや。柔軟、ぽかぽか、思いやり。なめらかで、やさしい、武器となる。

「味わい」

それが、新たに備わった、わたしのベクトル。

解説

藤代冥砂

「そろそろ、離婚しよっか」

この旅行記が、数多《あまた》のそれらとは毛色からしてまったく違う予感を、冒頭部、この衝撃的なフレーズから得た読者は多いと思う。

旅行記。それは旅での経験と自分の成長を語ったものが主流だが、食べ物や雑貨、建物などにテーマを絞ったものも思い浮かぶ。最近はむしろこのライトなテーマ本が主流かもしれない。経験からの成長よりも、日本の住所へ持ち帰りやすい物や体験を安全に収集するような旅。

とまこさんのこの旅行記は、離婚記とも言える内容となっている。安全圏での旅ではなく、果敢な冒険譚と言っていい。しかも舞台はインドである。呼ばれた時に呼ばれた人が旅すると言われる亜大陸である。きつい場所というイメージは昔から変わらないし、きっとこれからしばらくは不変だろう。椎名誠さんの著作タイトル「インドでわしも考えた」を引くまでもなく、旅人はインドで深く広く考えがちだ。

果たしてとまこさんは、彼《か》の地で何を考えたのか。ただでさえ手強いインドで、離婚についても思いを巡らすことになるとまこさん。

王道旅行記がそうであるように、この作品は新しい経験と心の成長の記録で、この点では実にスタンダードな作りなのだが、なにしろ冒頭部に「そろそろ、離婚しよっか」が居座る作品である。全編、短調の離婚セレナーデが静かに、時に激しく鳴っている。離婚が行間にざくざく刺さっているのだ。

離婚というのは、相性のずれの発見と対処に他ならない。相性のずれは仕方がないことで、どちらにも罪はない。細部のやりとりや何やかんやにおいては、現実的に非がどちらかにあることもある。浮気とか、ギャンブルとか、怠け癖とか。だが、それらも結局は相性の問題で、離婚を行き詰まった関係の打開策としてみれば、かなり能動的な対処だと思う。大抵双方が面倒臭くなって関係を放置され、腐敗もせずにフリーズドライ状になって生きながら死んでいる。それよりも二人を先に進める離婚というのはいい選択肢だと思う。

まあ、僕の離婚観はさておき、とにかくとまこさんは、旦那に離婚を言い渡されて、ぐっちゃんぐっちゃんな状態の自分を、ぐっちゃんぐっちゃんな場所へと放り出すように旅に出る。

「夢に向かって燃えることは、誰から見ても、楽しいことだと信じてた。信じてた。でも。それ、だけじゃ、だめなんだ」

離婚の始まりにそう自分に言い聞かせることから、インドへの道が開く。旦那から、「自分から、離れることを目指してるでしょ。一緒に生きることを目指してないでしょ。夢が大きくなればなるほど、自分の姿はともちゃんの世界から消えていくでしょ」と問われ言葉を返せなかったとまこさん。自分の夢を追うばかりで夫婦の向き合いを忘れてしまったとまこさん。

そもそも夢というのは個人的なもので、夫婦で夢を共有するなんて、まさに夢のような話でもある。それぞれの夢が次第にずれていくのはむしろ自然なのだが、とまこさんの場合は、それにしても自分の夢に遮眼帯をつけて集中し過ぎてしまったようだ。まあ、旦那さんの渇いた絶望と諦めも仕方がない。もうちょっとこっちを見てと、男の中の男の子が拗《す》ねてしまったのだろう。

で、インドに自分を放り出したとまこさん。僕もかつてインドの南端トリバンドラムから北のダラムサラまで北上した経験があるので、彼女の足跡は、そのまま懐かしく、かさぶたをいじるように、感触もリアルだった。

ただ女性がインドならず外国を一人旅するヒリヒリ感は、当然男のそれとは違ってくるし、簡単に言えばナンパへの対処が旅の風合いを変えてしまう。現地の男達にとって次から次へと腰の浮いたように見える女達がやって来るのは悩ましいだろうし、彼女達の寂しさに付け入る強引さの甘味を知っている。

とまこさんの旅でも、現地の人との話は、印象として大方男絡みである。そしてこれは仕方ないことだ。頼みもしないのに男ばかりが寄ってきてしまうのだから。

気にしないように胸の内に隠そうとしていた離婚の痛み、慣れない独り身の寂しさ、それらを薄めてくれる現地の男達との短い出会いと、すぐにやってくる別れ。

「別れが多すぎる」

とまこさんの呟きには、多くの旅人達の心の声が重なる。新しい出会い分だけの別れの痛み。いつしかとまこさんも別れを告げる痛みから逃れようと、こっそり黙って彼らから、土地から去ろうとしたりする。

結婚生活からの別れ、旅での別れ。次第に「別れ」の比重が大きくなり、隠しようもないほどになる。

「けじめを、つけることは、思いやりなのかもしれない」

そう気付いたとまこさん。しっかりと別れを受け入れる決心をするのだった。

旅で出会った人への思いやりは、離婚を選択した旦那さんの、とまこさんへの思いやりにつながる。さらに、旅という目に見える現実での別れを直視していく中で、自分自身の中に燻っていた離婚の寂しさをも直視していくことになる。

旅の前半では、離婚の痛手から逃れること、忘れること、覆い隠すこと、それをインドに委ねていたのだが、目を逸らさずに向き合う覚悟ができてから、とまこさんの旅から痛々しくもあった空元気が消えて、ぐっと落ち着いてくる。

「今、しあわせになることに、迷わず、精一杯つくしたい」

「『強くて弱い』のがいい。両方をバランスよく、しなやかに、舵をとることができれば。わたしは『しなやかに』生きたい」

「祈るのは、たぶんきっと、すがるためじゃない。ココロを整えているんだな」

「いつも、自分が設定した基準で、ものごとを見ているだけなんだ。自分がイイなと選んだ基準を、信じることでしか始まらないんだ」

このような言葉が、力みなくすっと口から出てくる。本心からの言葉。悲しさや苦しさを、しっかりと通ってきた人の言葉には、強く迫る力がある。そこには言葉に頼らない本当の何かがしっかりとあるからだ。

　それには、やはりインドという特別な土地からの影響もあったと思う。シルディ、ナーシクという聖地とそこに暮らす人々との出会いによって、とまこさんのココロは静かに開いていく。自分で扱いきれないことだってある。それを補うのは、人であり土地である。

　とまこさんがパートナーとして選んだのがインドだったことは、偶然なのだろうか。旅慣れた彼女ですら、一人で行くことを躊躇《ちゅうちょ》したインド。そんな場所をわざわざ選んだのは、そこでしか得られない何かを感じ取っていたのかもしれない。呼ばれたのではなく、彼女がしっかりと選んだのだと思う。

　バックパッカーの旅、貧乏旅行、それらは自分探しの旅とされ、多くの人にパスポートを握らせ、大きな荷物を背負わせてきた。だが、探せば見つかるような自分などいるわけではない。本当の自分とは今の自分のことである。自分を見つけるのに旅に出る必要はない。今の生活で暮らす自分をしっかりと直視するしかないのだ。だが、多くの心は迷っていて、今の自分が本当の自分だと直視できないだけなのだ。誰かや何かのせいにして、直視を怖がっているだけなのだ。

　この本の中で、僕が一番好きなシーンは、ゴカルナでのエピソード。真夜中のアラビア海にとまこさんが入っていくところだ。彼女は夜の海をビーチから眺めるのは好きだが、泳ぐなんて怖くてできないと思っていた。それが連れのイタリア人に強引に誘われて、結局彼を信じて夜の海へと入っていく。

「世界が、変わった。あんなに、恐ろしかった闇の世界が、やさしい、幻想的な世界に一変した。星が、波間にゆれている。波しぶきが、白く輝いている。とりまく波が、この上なくなめらかで。中略。夜の海が、わたしの一部になった」

とまこさんは、かつて安全圏のビーチから不安定な海を眺めている人だった。自分の場所にいる人だった。直視が苦手だったかもしれない。それが夜の海で泳げる人になったのだ。とても美しいエピソードだと思う。

さらにもう一つのお気に入りは、愛することの喜びを思い出させてくれた旅人ようちゃんとのショートトリップの途中で、ガンジスで沐浴するシーンだ。とまこさんはこう綴《つづ》っている。

「ココロを、ガンジスの水で満たしながら、ただただ、誓った。感謝と、笑顔を、誓った。わたしは、楽しく、暮らします。いらないものが、流れ去って行った。大切なものは、流れなかった」

大切なものは流れない。それを知ったことで、失うことを受け入れることができたのだ。思えば、僕たちは、失わないように失わないようにと注意しながら暮らしている。大切なものならば尚更で、愛を失わないように、お金を失わないように、仕事を失わないように、などと苦心している。

大切なものは流れない。そう思える場面を経験するために、僕たちはこの本を読み進めたのかもしれない。

旅人は、旅を共有するために本を書く。それは、笑顔だけでなく、悲しみさえも分かち合うために、本当の寂しさと痛みをも書いている。まさにとまこさんがそうだ。勇敢な冒険譚だと思う。

とまこさんが夢見ていたのは、ただ本を出すだけでなく、きっと多くの人をまだ知らない夜の海に誘《いざな》うことだったのだろう。僕たち一人に一つずつあるそれぞれの夜の海へと。

――写真家・小説家

この作品は二〇一二年九月雷鳥社より刊行されたものに、加筆・修正を加えたものです。
ＪＡＳＲＡＣ　出１７００２１２‐７０１

幻冬舎文庫

●好評既刊
もしもパワハラ上司がドラゴンにさらわれたら
蒼月海里

パワハラ上司がドラゴンにさらわれ、人間のストレスが生み出す魔物で新宿駅はダンジョン化!? 毒舌イケメン剣士ニコライとブラック企業のヘタリーマン浩一は、上司を無事に連れ戻せるのか？

●好評既刊
新米ベルガールの事件録 ～チェックインは謎のにおい～
岡崎琢磨

廃業寸前の崖っぷちホテルで、次々に起こる不可解な事件。新入社員・落合千代子は、イケメンの教育係・二宮のドSな指導に耐えながらも、事件の真相に迫るが……。本格お仕事ミステリ！

●好評既刊
露西亜の時間旅行者 クラーク巴里探偵録2
三木笙子

弟を喪った晴彦は、料理の腕を買われパリ巡業中の曲芸一座の名番頭・孝介の下で再び働き始めた。頭脳明晰だが無愛想な孝介をひたむきに支え、贔屓筋から頼まれた難事件の解決に乗り出す。

●好評既刊
鳥居の向こうは、知らない世界でした。 ～癒しの薬園と仙人の師匠～
友麻　碧

二十歳の誕生日に神社の鳥居を越え、異界に迷い込んだ千歳。イケメン仙人の薬師・零に拾われ、彼の弟子として客を癒す薬膳料理を作り始めるが。ほっこり師弟コンビの異世界幻想譚、開幕！

●好評既刊
愛のかたまり
うかみ綾乃

十六歳のときに不幸な事件に巻き込まれ心を閉ざして生きてきた美しい女。その美貌に憧れて作家デビューを果たした醜い女。愛されたい、満たされたい……女の執念と嫉妬を描き切った傑作長篇。

幻冬舎文庫

●好評既刊
窓際ドクター
研修医純情物語
川渕圭一

ナース達から窓際ドクターと陰口を叩かれている医師の紺野。ある患者が難病と診断され、彼一人が誤診に気がつくが。ベテラン医師と研修医の交流を描いた「研修医純情物語」シリーズ好評既刊。

●好評既刊
京都の中華
姜 尚美

にんにく・油控えめ、だしが独特……花街で愛されてきた割烹式中華から、学生街のボリューム満点中華まで、街の歴史や風習に合わせて変化してきた「京都でしか成り立たない味」のルーツを探索。

●好評既刊
僕とモナミと、春に会う
櫛木理宇

偶然立ち寄ったペットショップで子猫を飼うことになった高校生の翼。その店でアルバイトをするはめになるが、対人恐怖症の翼は接客ができない。そんな彼の前に、心に傷を抱えた客が現れて。

●好評既刊
三途の川で落しもの
西條奈加

橋から落下し、気づくと三途の川に辿り着いた小学六年生の叶人は、三途の川の渡し守で江戸時代の男と思しき二人組を手伝って、破天荒な仕事をすることに――。新感覚エンタテインメント!

●好評既刊
幻年時代
坂口恭平

四歳の春。巨大団地を出て、初めて幼稚園に向かった。この四〇〇メートルが、自由を獲得するための冒険の始まりだった。生きることに迷ったら、幼き記憶に潜ればいい。稀代の芸術家の自伝的小説。

幻冬舎文庫

●好評既刊
身体《からだ》を売ったらサヨウナラ
夜のオネエサンの愛と幸福論
鈴木涼美

彼氏がいて仕事があって、昼の世界の私は幸せだけど、それでは退屈で、「キラキラ」を求めて夜の世界へ出ていかずにいられない。引き裂かれた欲望を抱えて生きる現代の女子たちを鮮やかに描く。

●好評既刊
ドS刑事
桃栗三年柿八年殺人事件
七尾与史

慰安旅行のために〝いつになく〟事件をスマートに解決した黒井マヤ。彼女が提案した旅行先は、父の黒井篤郎がかつて難事件に遭遇した町だった。24年の時を超えて、父と娘の二つの事件が交差する。

●好評既刊
我が闘争
堀江貴文

23歳で起業して以来、世間の注目を浴び続けた時代の寵児は、やがて「拝金主義者」というレッテルを貼られ、突然の逮捕で奈落の底へ——。納得できないことと闘い続けた著者の壮絶な半生。

●好評既刊
完璧な母親
まさきとしか

最愛の息子が池で溺死。母親の知可子は、息子を産み直すことを思いつく。同じ誕生日に産んだ妹に兄の名を付け、毎年ケーキに兄の歳の数の蠟燭を立てて祝い……。母の愛こそ最大のミステリ。

●好評既刊
伊藤くん A to E
柚木麻子

美形、ボンボン、博識だが、自意識過剰で無神経な伊藤誠二郎。振り回される女性たちが抱く恋心、苛立ち、嫉妬、執着、優越感。傷ついても立ち上がる女性たちの姿が共感を呼んだ連作短編集。

離《り》婚《こん》して、インド

とまこ

平成29年2月10日　初版発行

発行人――石原正康
編集人――袖山満一子
発行所――株式会社幻冬舎
〒151-0051東京都渋谷区千駄ヶ谷4-9-7
電話　03(5411)6222(営業)
　　　03(5411)6211(編集)
振替00120-8-767643
印刷・製本―中央精版印刷株式会社
装丁者――高橋雅之

幻冬舎文庫

ISBN978-4-344-42573-6　C0195　と-13-1

幻冬舎ホームページアドレス　http://www.gentosha.co.jp/
この本に関するご意見・ご感想をメールでお寄せいただく場合は、
comment@gentosha.co.jpまで。